Peter Kalchthaler

Fribourg –

en-Brisgau

Photographies de
Reinhold Mayer

Edm. von König-Verlag, Heidelberg

Contents

Table des matières

© 1994, Edm. von König-Verlag, D-69232 Dielheim, Postfach 10 27

Fotos: Reinhold Mayer, Ulm

S. 80 mit freundl. Genehmigung des Vermessungsamtes Freiburg

Texte: Peter Kalchthaler M. A., Städtische Museen Freiburg

ISBN: 3 − 921 934 − 89 − 3

In the same series/Déjà parus dans la même série:
Dinkelsbühl — Heidelberg — Rhein — Rothenburg ob der Tauber — Ulm — Würzburg — Schwarzwald — Nürnberg — Stuttgart

A Few Introductory Words

En guise de prologue

The following guide to the art and history of the city of Freiburg is an achievement on the part of the publishing house and the author, and something which both those who live here and those who come as visitors have long awaited. The text and colour photos take the reader on an interesting journey into the history of Freiburg and cover all the art history of the town's most important works of art. By the way, the work draws our attention to that which has received only a little attention up to now and that which is well-known is presented in an unusual perspective. It is gratifying to realize that this interesting and beautiful little book can become everyone's possession. It is a book which should not merely find an honorable place on our shelves, but should accompany us on our walks and thus be used.

My wish is that this book will reach a wide public and that the publisher and the author will receive the success they so justly deserve.

Avec le présent guide d'art et d'histoire de Fribourg, la maison d'éditions et l'auteur sont parvenus à faire un ouvrage attendu depuis déjà longtemps par de nombreux gens du pays et visiteurs.

Les photographies en couleur et les textes initient de façon intéressante l'utilisateur de ce manuel à l'histoire de la ville de Fribourg et lui ouvre tous les objets importants de l'histoire de l'art de la vieille ville, de la cathédrale et des quartiers. Ce faisant, on découvre également ce qu'on néglige un peu et ce qu'on connaît depuis longtemps est présenté sous une perspective inhabituelle.

Je pense qu'il est important que ce livre beau et intéressant soit abordable pour chacun. Il n'est pas absolument nécessaire qu'il reçoive une place d'honneur dans l'étagère à livres, mais plutôt qu'on le prenne avec soi le plus souvent possible à l'occasion de promenades, c'est-à-dire qu'il soit «utilisé».

Je souhaite, dans ce sens, un grand succès à ce livre, ainsi que des répercussions très positives pour la maison d'éditions et l'auteur.

Dr. Rolf Böhme
Lord Mayor / Premier Bourgmestre

Freiburg – City of Woods, Wine and Gothic

This advertising slogan of the 60's states what awaits visitors to the city of Freiburg-in-Breisgau: the Old City at the foot of the Black Forest mountains, with a system of little canals running through it, its lanes and its cathedral; before its gates, the Markgräfler region with its lovely countryside, Tuniberg and Kaiserstuhl, two mountains with their vineyards. Behind the rather romantic image of the city, which is propagated with enthusiasm by the so-called "Bobbeles", or true Freiburgers, as they are nicknamed, there is a lively metropolis with almost 180,000 inhabitants – the center of an entire region between the cities of Lörrach and Offenburg. The picturesque Old City is largely the result of a reconstruction program in loving detail and with much care after the terrible destruction on November 27, 1944. The lovely Gothic cathedral is maintained at immense cost and effort by the cathedral construction team, which tries to keep in check and overcome the growing damage caused by acid rain. Taking note of the warning signal evident in the example of the cathedral and the dying trees on the Schauinsland mountain, Freiburg is proud of being regarded as a city with a high level of concern for environmental protection. Public transportation systems, above all the network of streetcars, being the least harmful to the environment, have been greatly extended in the last few years. Downtown Freiburg, with one of the largest pedestrian zones in southern Germany, can be reached from almost any point without a car.

Due to the lack of large industries, Freiburg is extremely interested in its connections to the surrounding area and in tourism. Linked to the latter, the service sector of Freiburg's economy, in addition to retailing, is one of the most important. Thus, already during the 60's, the city ring around the Old City was constructed, which allowed the banning of individual traffic form this area.

When, in the early 70's, the four eastern Tuniberg communities were incorporated into the City of Freiburg, the surface area of vineyards under cultivation within the city's area grew to 650 hectares. Thus Freiburg is the metropolis with the largest area covered by vineyards in Germany. From Tuniberg Mountain to the slopes of Schlossberg Mountain and down to the Markgräfler countryside with the vineyards of St. Georgen, the wine of Freiburg is cultivated. Even in the very center of the city (Colombi Park), there is a little vineyard garden. The Wine Festival, taking place every year around the cathedral, has become the most important symbol of Baden's wine cultivation. It is no coincidence that Freiburg is the seat of the State Institute of Viniculture and the Association for Viniculture in Baden.

One of the largest employers in Freiburg, namely the University of Freiburg, with its over 25,000 students, influences many aspects of cultural activities. Only few cities can boast of such a variety of concerts, lectures readings, etc.

«La ville de la forêt, du gothique et du vin»

Ce slogan publicitaire des années soixante montre ce qu'attendent les visiteurs de Fribourg-en-Brisgau: la vieille ville au pied des montagnes de la Forêt Noire, avec de petits ruisseaux, de petites ruelles et la Cathédrale, avec, devant ses portes, le Markgräflerland (pays margrave), et les montagnes du Tuniberg et du Kaiserstuhl avec leurs vignobles.

Derrière l'image plutôt romantique de la ville répandue volontiers également par les «Bobbele» – le petit nom des véritables fribourgeois – se cache une grande ville vivante avec près de 180 000 habitants, qui représente le centre de toute une région entre Lörrach et Offenburg. La vieille ville pittoresque est en grande partie le résultat d'une reconstruction planifiée jusqu'au moindre détail avec un grand soin et beaucoup d'amour après la terrible destruction du 27 novembre 1944. Le gothique magnifique de la Cathédrale est entretenu à grands frais par l'ouvriers de l'œuvre Notre-Dame qui essaient de venir à bout des dommages provoqués par la pluie acide. Malgré le fait d'avoir sous les yeux l'exemple alarmant de la cathédrale et des sapins agonisants sur le Schauinsland, Fribourg est aujourd'hui fière de passer pour une ville avec une grande conscience vis-à-vis de l'environnement. Le trafic local public des voyageurs, surtout le tramway, qui ne pollue pas l'environnement, a été fortement développé au cours des dernières années. Il est possible, à partir de presque n'importe quel endroit, d'avoir accès sans auto au centre de la ville qui possède la plus grande zone piétonne du sud de l'Allemagne.

A cause du manque de grandes entreprises industrielles, Fribourg s'intéresse grandement à la liaison routière avec les environs et au tourisme. L'activité collective des services qui y est liée compte, à côté du commerce de détail, parmi les branches économiques les plus importantes de la ville. C'est ainsi que, déjà dans les années soixante, est née autour de la vieille ville la rocade grâce à laquelle a été possible la suppression du trafic individuel. A la gare, on met en place les aiguillages en direction du prochain millénaire pour Fribourg. C'est ici que va naître dans les prochaines années le lieu de culture et de congrès ; non pas en tant qu'objet de prestige d'une grande ville, mais plutôt en tant qu'un investissement d'importance dans l'avenir de Fribourg.

L'un des plus grands employeurs de Fribourg, l'université, avec plus de 25 000 étudiants, domine l'offre culturelle dans de nombreux domaines. Rarement les communes peuvent offrir presque tous les jours une palette aussi riche en concerts, conférences et lectures.

every day. Besides the established cultural events, a varied subculture has developed in the past years, something not always easy to digest for the "established" citizens of Freiburg.

The great variety of recreation facilities in and near Freiburg is famous, and rightly so. In less than an hour, one can reach the Schauinsland, the mountain at Freiburg's doorstep, so to speak, which offers hiking opportunities in the summer and skiing in the winter. France is not far at all – not even 30 kilometers to the Alsace region – and Switzerland, with the city of Basel, is quasi right next door as well. The surrounding countryside of Freiburg is richly endowed with a plethora of things and places of interest.

900 Years of History in Freiburg

The beginnings of Freiburg are linked to the family of Zähringen who established themselves in the Breisgau region in the second half of the eleventh century. This important line of aristocrats, originally from near Weilheim/Teck, acquired the title of Duke and called itself "von Zähringen", after the settlement and castle fortress in the Breisgau. The founding of the market in Freiburg by Konrad von Zähringen in the year 1120 marked the end of a development which resulted in the creation of the City of Freiburg out of various older centers of settlement.

The last of the family, Bertold V, died without issue in 1218. A nephew of this last Zähringer, Count Egino von Urach, became his successor, calling himself Egino I, Count of Freiburg. The population of the city was about 8000 inhabitants at that time (a remarkable number); the parish church was under construction; the city had extensive trade relations and its own silver mines. As early as the middle of the thirteenth century, the growing population made it necessary to build suburbs which, just like the city center (fortified about 1200), received their own walls and gates. At the same time, the large orders of mendicant friars had estblished their monasteries in the city.

At the end of the century, the difficulties between citizenry and count escalated into open conflict. The former went into battle against their city-ruler. Even the castle fortress on the Schlossberg was destroyed. In the year 1368 began an important chapter of the city's history; the citizens bought their freedom from their ruler, and Freiburg became Habsburgian. The huge sum of money, the decline of silver mining, and the participation of the city in battles of the Habsburgs got Freiburg into financial difficulties which could finally be fully overcome only about the end of the fifteenth century. The Habsburgs acknowledged all the rights of the city, and extensive self-administration could be further expanded. About 1400, Freiburg had approximately 9000 inhabitants, twenty abbeys and monasteries, and a new and promising economic sector, the gem-cutting industry.

C'est avec raison que l'on vante la grande valeur des loisirs de Fribourg. En moins d'une heure, on parvient à la montagne locale, le Schauinsland, qui invite en été à l'excursion et en hiver au ski. La France n'est pas loin – l'Alsace est à moins de 30 kilomètres – et même la Suisse avec Bâle se trouve pour ainsi dire devant la porte. Le paysage autour de Fribourg est richement béni par la nature et offre une profusion de choses dignes d'être vues. Déjà Sebastian Münster dans sa «Cosmographia Universa» imprimée en 1550 à Bâle a réduit cela à un dénominateur:

«Der Brißgow ist ein guts kleins Land/hat alle notturft …«

(Le Brisgau est un beau petit pays/ il a tout ce qu'il faut …)

Fribourg a 900 ans

Les débuts de Fribourg sont associés à la famille des Zähringer qui s'est établie dans la seconde moitié du 11e siècle dans le Brisgau. La famille noble notable initialement originaire de Weilheim/Teck remporta en 1061 le titre de duc et se nomma à partir des alentours du 12e siècle «von Zähringen», d'après la colonie et le château en Brisgau. La fondation du marché de Fribourg par Konrad von Zähringen en l'an 1120, marque le point final d'un développement qui contribua à la formation de la ville de Fribourg-en-Brisgau à partir d'anciens noyaux d'habitat.

Le chiffre croissant de la population rendit nécessaire, déjà au milieu du 13e siècle, le mise en place de faubourgs qui, comme le coeur de la ville fortifié vers 1200, avaient également des murs propres et des portes. A la même époque, les grands ordres mendiants avaient installé leurs monastères dans la ville.

A la fin du siècle, les difficultés entre les bourgeois et les comtes escaladèrent en un conflit ouvert.

Les bourgeois se mirent en campagne contre les seigneurs qui régnèrent sur leur ville. Même le château fort sur le Schloßberg fut détruit.

Avec le rachat des bourgeois à leur seigneur de leur propre liberté en l'an 1368, commença une période importante de l'histoire de la ville, Fribourg devint habsbourgeoise.

La somme énorme du rachat, le déclin de l'exploitation des mines d'argent et la participation aux entreprises guerrières des Habsbourg conduisent la ville à des difficultés financières qui ne purent être définitivement surmontées que vers la fin du 15e siècle. Les Habsbourg confirmèrent à la ville tous ses droits, et il fut possible de consolider l'autonomie administrative presque totalement bourgeoise. Vers 1400, Fribourg comptait environ 9000 habitants, 20 monastères et fermes de monastère et

In 1457, Archduke Albrecht VI. and his wife Mechtildis founded Freiburg University, the official opening of which was celebrated in 1460. The first 214 students came mainly from the anterior Austrian provinces between the Vosges Mountains and Tyrol. Maximilian von Habsburg was a great benefactor of the city. At the end of the fifteenth century, he presided over a session of the Reichstag (German Diet) in Freiburg. High imperial civil servants resided here, and great minds taught at the university, such as Maximilian's confessor, Gregor Reisch, who edited one of the most important encyclopedias of the Late Middle Ages ("Margarita Philosophica").

The Peasants' War affected Freiburg only slightly; it was taken by rebelling peasants in 1525, but the bloody quelling of the peasants' movement in Alsace also brought the end of the revolution in the Breisgau. The city, which had not lent its ears to Reformationist ideas, became an important refuge for Catholics, particularly after Basel had accepted the new faith in 1529. The Basel cathedral chapter went into exile in Freiburg, and Erasmus of Rotterdam, probably the most famous scholar of his time, went from Basel to quiet Freiburg for a retreat of some years.

Not until 1632 did Swedish troops occupy the city, which had been spared contact with the Thirty Years' War until then. After the city had changed hands several times, after siege, destruction and plague, the population numbered only about 2000 at the end of this long war. The surrounding area had been razed; the inhabitants of the destroyed villages and religious orders had fled into the city.

The new borders at the Upper Rhine, drawn in the Peace of Westphalia, brought further problems. From now French Alsace, Louis XIV sought to push the border with the Roman Reich even further to the east. The plans of Maréchal de Vauban continued what hat been begun in the area of the destroyed suburbs shortly before. The population suffered greatly under the burden of forced quartering of soldiers, and the building of the fortifications put a stop to the flourishing gem-cutting trade.

After Freiburg had come back into the Reich, after the Peace of Rijswijk, it was laid siege to and captured twice by France. Finally, in 1745, Louis XV had the fortifications of city and Schlossberg dynamited.

The second half of the eighteenth century is characterized by the new order of law, education and city constitution under Maria Theresia and her son, regent and successor Joseph II. The enlightened monarch also introduced the dissolution of the monasteries and convents of contemplative orders.

The end of the century also brought the end of more than 400 years of Habsburg rule in the Breisgau region. In the course of Europe's reorganization during the Napoleonic Age, Freiburg was given to the newly created Grand Duchy

avait, dans la taille de pierres précieuses, une branche économique prometteuse.

En 1457, l'archiduc Albrecht VI et son épouse Mechtildis fondèrent l'université de Fribourg qui fut solennellement ouverte en 1460. Les 214 premiers étudiants venaient surtout des territoires d'Autriche antérieure entre les Vosges et le Tyrol. Maximilien de Habsbourg fut un grand bienfaiteur de la ville. A la fin du 15e siècle, la Diète d'Empire siégea à Fribourg sous son règne. De hauts fonctionnaires impériaux habitaient ici, et des personnalités notables enseignaient à l'université, comme le confesseur de Maximilien Gregor Reisch qui rédigea avec la «Margarita Philosophica» l'une des plus importantes encyclopédies de la fin du moyen âge.

La Guerre des Paysans ne toucha Fribourg que très peu; elle a été, il est vrai, prise par des paysans insurgés en 1525 mais la soumission sanglante du mouvement en Alsace apporta également la fin de la révolution dans le Brisgau. La ville devint, notamment après que Bâle se soit ralliée à la Réforme en 1529, un refuge catholique important. Le chapitre de Bâle s'exila à Fribourg et Erasme de Rotterdam, probablement le plus célèbre érudit de son temps, se retira pendant quelques années de Bâle vers la tranquille Fribourg.

Ce n'est qu'en 1632 que les troupes suédoises occupèrent la ville qui, jusque là avait été épargnée par la Guerre de Trente Ans. Après que la ville ait changé plusieurs fois de propriétaire, la population était tombée à environ 2000 âmes à la fin de la grande guerre à cause des sièges, des destructions et de la peste. Les alentours étaient dévastés, les habitants des villages et des monastères détruits avaient fui vers la ville. Les nouvelles frontières sur le cours supérieur du Rhin qui furent tracées après le traité de paix de Westphalie, amenèrent d'autres problèmes.

A partir de l'Alsace désormais française, Louis XIV essaya de repousser la frontière avec l'Empire encore plus vers l'est. Il s'empara de Fribourg et la fit transformer en une place forte moderne en sa qualité de partie de la fortification orientale de la France. Les plans du Maréchal de Vauban poursuivirent ce qui avait été commencé peu de temps auparavant sur le terrain des faubourgs détruits. La population dut beaucoup souffrir sous le poids du cantonnement et la construction de la place forte signifia la fin de l'activité florissante de la taille de pierres précieuses.

Après que Fribourg soit à nouveau revenue à l'Empire dans le traité de Paix de Ryswick, elle fut encore deux fois assiégée et prise par la France. En 1745 enfin, Louis XV fit sauter les fortifications de la ville et du Schloßberg.

La deuxième moitié du 18e siècle fut dominée par la réorganisation du système juridique, de l'éducation et du statut communal sous Marie-Thérèse et son fils, le corrégent

of Baden and thus into the hands of a side line of the Zähringers, the former Margraves of Baden. The landed classes as well as all convents and monasteries were dissolved after the transfer. In the early years of rulership under the new Grand Duchy, public affairs were reorganized. The City Code of 1520, still in effect, was revoked and replaced by the Code Napoléon. The hope of many citizens of Freiburg that their city and the Breisgau would be returned to Austria after the Congress of Vienna was not fulfilled.

The Revolution of 1848 brought bloody street battles to Freiburg, as well as occupation by federal troops, after the revolutionary government of Baden fled here from Rastatt.

Only after the middle of the nineteenth century did the city begin to expand beyond the fortifications, meanwhile green with vineyards and gardens. In the north and south, new suburbs were laid out, new churches and cultural buildings were erected, and Freiburg also acquired a railway connection, which was to become an important prerequisite for the future development of the city.

In this second half of the century, Freiburg became a metropolis. Under Lord Mayor Otto Winterer (1888-1913), the residential areas in the Wiehre region and between Neuburg and Herdern, attractive city quarters for well-situated pensioners who wished to spend their retired life in Freiburg. At the same time, schools and the culture of the city, with theater and museums, were systematically promoted and supported.

In the west, beyond the railway line, the Stühlinger quarter, an area of industry and workers' housing, had grown up in the 1880's. Along the Dreisam as well factories had been set up; for their workers, there were exemplary housing quarters built as well, like the "Knopfhäusle" near the fair ground.

About the turn of the century, the population of Freiburg had increased from 13,300 in 1840 to over 61,500; the city had grown beyond its greatest city limits of the Middle Ages.

Due to its proximity to the Alsace front in World War I, Freiburg became a military hospital city and suffered some light bombing. With the declaration of the Republic and the renunciation of the throne by the Grand Duke in 1918, the Grand Duchy of Baden came to an end after less more than one hundred years.

In the course of the National Socialists' elimination of opposition, the elected mayor of Freiburg was removed and replaced by a Nazi Party member. The Jewish community, numbering more than 1400, was completely wiped out by 1942. The war came to the city in 1940, when German bombers mistakenly dropped bombs on the city. On November 27, 1944, an attack by Allied planes razed most of the historic Old City to the ground in twenty minutes. More than 2000 people were killed. French troops occupied the city in April 1945 without encountering any real resistance.

et successeur Joseph II. Le monarque éclairé engagea la procédure de suppression des monastères des ordres contemplatifs.

La fin du siècle amena la fin du règne de plus de 400 ans des Habsbourg sur le Brisgau. Au cours de la réorganisation de l'Europe à l'époque de Napoléon, Fribourg échut au Grand-Duché de Bade nouvellement créé et ainsi à une ligne collatérale des Zähringer, les anciens margraves de Bade. Les états provinciaux et l'ensemble des couvents et monastères dans le Brisgau furent supprimés après la transition en 1806.

Pendant les premières années du règne des grand-ducs, la communauté fut réorganisée. La code de la ville de 1520 qui était encore en vigueur fut abrogée de 1520 par l'introduction du Code Napoléon. L'espoir de nombreux fribourgeois de voir leur ville et le Brisgau revenir à nouveau à l'Autriche après le Congrès de Vienne ne se réalisa pas. La Révolution de 1848 provoqua à Fribourg des combats de rue sanglants et l'occupation par les troupes fédérales après que, en 1849, le gouvernement révolutionnaire de Bade avait pris la fuite et avait quitté Rastatt pour se réfugier à Fribourg.

Ce n'est qu'alors, au milieu du 19e siècle, que la ville commença à s'étendre au-delà des ruines des fortifications plantées entre-temps de vignobles et de jardins. Au nord et au sud de nouveaux faubourgs furent aménagés, de nouvelles églises et des édifices culturels s'élevèrent et Fribourg obtint un embranchement à la voie ferrée qui devait devenir l'une des conditions importantes pour le développement futur de la ville.

Dans la deuxième moitié du siècle, Fribourg se transforma en une grande ville. Sous le premier bourgmestre Otto Winterer (1888–1913) se formèrent les quartiers résidentiels dans la Wiehre et entre Neuburg et Herdern; des quartiers attractifs pour les retraités vivant dans l'aisance qui veulent passer leurs vieux jours à Fribourg. A la même époque, les écoles et la vie culturelle de la ville avec le théâtre et les musées sont systématiquement encouragées.

A l'ouest, derrière la ligne ferroviaire, le Stühlinger, quartier d'habitation ouvrier, et les quartiers de zone industrielle se sont élevés dans les années 1880. Des usines s'étaient même établies le long de la rivière Dreisam, et pour leurs ouvriers, on avait construit des habitations exemplaires comme les «Knopfhäusle» (petites maisons du bouton) sur la Meßplatz (place des foires) ou la «Freiausiedlung» (colonie de Freiau).

Autour de 1900, la population de Fribourg était passée de 13 300 habitants en 1840 à plus de 61 500 et la ville avait dépassé les frontières de la plus grande étendue au moyen âge.

Freiburg and the Schloßberg within the baroque fortification-system
(Model by A. Krieg, 1877 in the Augustinermuseum – to be moved to the new Museum of local History in 1992)

Fribourg et le Schloßberg (montagne du château) avec les fortifications baroques
Modèle de Anton Krieg de l'an 1877
(Augustinermuseum – à partir de 1992 dans la Maison Wentzinger – Musée d'histoire de la ville)

In the French occupation zone, the first free city council elections since 1933 were held in 1946. In the same year, the advisory state assembly was elected, which, meeting in the Kaufhaus, named Leo Wohleb as prime minister of the South Baden regional government. Freiburg was the capital of South Baden until the controversial referendum of 1951.

Work was immediately begun for the reconstruction of the destroyed parts of the city. Joseph Schlippe, already city master builder before the war, became the head of the Reconstruction Office. Thus the continuity of urban planning was guaranteed, and many building projects already planned in the 1930's could be carried out in the course of reconstruction, for example, the arcades on Kaiser-Joseph-Strasse. A great number of destroyed historical buildings were rebuilt in their original form.

Whereas at the time of Otto Winterer the expansion of the inner city and its surrounding districts was the main aim of city planners, the western part of Freiburg became the most important after the phase of reconstruction, where, in the 60's and 70's, the satellite cities arose, in which a large portion of the 180,000 Freiburgers live. The community reform (as of 1971) considerably enlarged the city limits, and some communities in the surrounding area became Freiburg city districts. This line of development climaxed in the construction of the urban railway network a few years ago.

Du fait de la proximité du front alsacien, Fribourg devint une ville d'hôpital militaire pendant la première guerre mondiale et eut à souffrir de quelques bombardements mineurs. Avec la proclamation de la république et le renoncement au trône du grand-duc en 1918, le Grand-Duché de Bade s'achève après un peu plus de cent ans.

Au cours de la politique d'uniformisation national-socialiste, le premier bourgmestre élu fut également relevé de ses fonctions et un membre du parti fut nommé en tant que administrateur de la ville. La communauté juive forte de 1400 membres fut anéantie jusqu'en 1942. La guerre atteignit la ville en 1940, lorsque des bombardiers allemands larguèrent leur charge par erreur au-dessus de Fribourg. Dans la soirée du 27 novembre, une attaque de grande envergure des avions alliés réduisit en cendres la plus grande partie de la vieille ville historique en vingt minutes. Plus de 2000 personnes furent tuées. En avril 1945, les troupes françaises occupèrent la ville sans rencontrer une résistance considérable.

En 1946, les premières élections municipales libres depuis 1933 eurent lieu dans la zone d'occupation française. La même année fut élue l'assemblée consultative du Land qui, dans la Kaufhaus (Maison des Marchands), désigna le proviseur Leo Wohleb en tant que président du conseil des ministres du gouvernement du Land du Bade méridional. Jusqu'au référendum longtemps contesté de 1951, Fribourg fut la capitale du Land du Bade Méridional.

On entreprit déjà tôt la reconstruction des quartiers détruits. Joseph Schlippe, déjà architecte municipal avant la guerre, devint le directeur du bureau de la reconstruction. La continuité de la planification de la ville était ainsi assurée et de nombreuses mesures déjà prévues dans les années trente, comme par exemple les arcades sur la Kaiser-Joseph-Straße (Rue de l'Empereur Joseph), purent être réalisées au cours de la reconstruction. Un grand nombre d'édifices historiques détruits furent reconstruits dans leur forme ancienne.

Si à l'époque d'Otto Winterer, l'objectif primordial des planificateurs de la ville était le développement du centre-ville et de sa périphérie, ce fut, après la phase de reconstruction, le tour de l'ouest de Fribourg où, dans les années soixante et soixante-dix, les villes satellites, qui abritent aujourd'hui une grande partie des 180 000 fribourgeois, s'élevèrent. A partir de 1971, la réforme municipale a considérablement agrandi le périmètre de la ville et certaines communes des alentours sont devenues des quartiers de Fribourg. Cette ligne de développement a été couronnée par la construction du tramway métropolitain il y a quelques années.

Ancient and modern: ▷
Reflection of the Minster's spire in the staircase
of forme' Palais Sickingen

Gothique et moderne: La tour de la Cathédrale se reflète
dans la cage d'escalier de l'édifice
de l'ancien Palais Sickingen

Freiburg Cathedral

Around the turn of the twelfth to the firteenth century, by order of the Duke of Zähringen, the construction of the Freiburg parish church was begun. In the first decades after 1200, building workers from Basel erected, in the eastern portion of the old church, **new east sections** plus a polygonal choir apse with flanking octagonal towers and a wide transept with a dome-vaulted crossing. At the time of the death of the Duke in 1218, the crossing-tower had just been started. The plan to build a nave with a gallery, as in Basel, was given up. The Gothic style of architecture, already in full bloom in France and probably brought over to Germany via Alsace, made its entrance into Freiburg.

At the start, there were some difficulties to the overcome. At the **two eastern bays of the nave** which are directly appended to the transept, the construction details – tracery and buttresses – show clear links to the Late Romanesque parts of the cathedral. Up to about the year 1270, the tower had the height of the belfry, which had been simply set on the base in order to, allow it to be used as a scaffolding for the further construction work. The two eastern bays were vaulted, as were the aisles; over the as yet unvaulted nave, a provisory beam ceiling had been laid, which served as a work platform and allowed use of the entire church for services, despite the continuation of construction. Approximately 1320–30, the construction team completed the **west tower** with its filigran tracery spire; at the sam time, the clerestory windows in the upper walls and the vaults of the western bays were completed, and the Romanesque flanking towers of the presbytery were given Gothic upper storeys with filigran spires. On March 24, 1354, the first stone was laid for the **new presbytery,** which had been planned by master builder Hans von Gmünd, of the Parler family. The ground plan with the ambulatory and eleven chapels, which were primarily intended as gravesites and private prayer rooms for wealthy Freiburg families, takes its inspiration from prototype French cathedrals. Through the sale of burial rights, a considerable portion of the funds necessary to build the church was obtained. The economic decline of the city of Freiburg in the second half of the fourteenth century led as well to an interruption of the building work on the choir. Not until the year 1471, after a break of almost one hundred years, could construction be resumed. Hans Niesenberger of Graz and Hans Niederländer completed the presbytery, which was consecrated in 1513. Before the vaults were closed in 1510, the Romanesque choir apse had been dismantled. Work on the presbytery appointments lasted until the middle of the century. With the exception of the addition of the **Renaissance vestibule** under Michael Glück in the year 1620, built onto the facade of the south transept, the exterior of Freiburg minster was not changed or modified later. All

La Cathédrale de Fribourg

Le duc Bertold V von Zähringen ordonna le commencement de la construction de l'église paroissiale aux alentours de 1200. Après 1200, les maîtres-d'oeuvre de Bâle érigèrent dans le secteur est de l'ancienne église de nouvelles **parties orientales** une abside de choeur polygonale flanquée de tours octogonales et un large transept avec une croisée du transept surmontée d'une coupole. A la mort du duc en 1218, on venait juste de commencer la tour de croisée du transept. On abandonna alors le projet de construire une nef vaisseau avec galerie comme à Bâle. Le style architectural gothique déjà entièrement développé en France fit son entrée à Fribourg, probablement en passant par l'Alsace.

Il fallut, au début, surmonter quelques difficultés. Aux **travées orientales de la nef vaisseau** directement rattaché au transept les détails de la construction, le remplage et les piliers d'arcs-boutants accusent encore clairement des similitudes avec les éléments du roman tardif du chœur.

Vers 1320/30 la confrérie des tailleurs de pierre acheva la **tour** ouest avec sa pyramide ajourée de remplage, les étages clairs et les voûtes des travées ouest de la nef furent en même temps terminées et les tours romanes de flanc du choeur reçurent des étages supérieurs gothiques avec des flèches ajourées. Un système d'ancrage circulaire donne aux tours une sécurité statique et permettait que l'intérieur des flèches soit libre de toute construction de soutènement.

Le 24 mars 1354, on posa la première pierre de la **nouvelle construction du choeur** qui avait été projeté par le maître-maçon Hans von Gmünd de la famille des Parler. Le plan d'ensemble s'oriente vers l'exemple des cathédrales françaises avec son déambulatoire de choeur et ses onze chapelles, qui étaient ici surtout conçues en tant que caveaux et lieux de dévotion privés des familles aisées de Fribourg. En ce qui concerne l'octroi des droits d'inhumation, on encaissa une partie importante des fonds qui étaient nécessaires pour la construction de l'église paroissiale. Le déclin économique de Fribourg dans la seconde moitié du 14e siècle mena également à l'arrêt de la construction du choeur. Ce n'est qu'en 1471, après une interruption de presque 100 ans que les travaux purent être repris. Hans Niesenberger de Graz, que la ville renvoya en 1491 pour cause de mauvaise direction des travaux, et Hans Niederländer achevèrent le choeur qui fut inauguré en 1513. Lorsqu'on ferma les voûtes en 1510, l'abside romane fut démolie.

Les travaux de la décoration du choeur durèrent encore jusqu'au milieu du siècle. A part la construction du **porche Renaissance** sur le mur frontal du transept sud par Michael Glück en l'an 1620, l'aspect extérieur de la Cathédrale de Fribourg ne fut plus modifié plus tard. L'ensemble

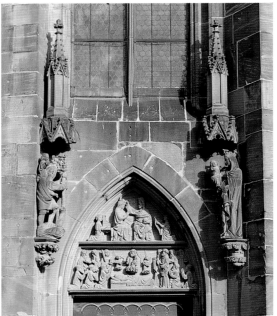

The romanesque towers (cock towers) flanking
the presbytery
The transept and its renaissance porch seen from
the south
Southern entrance to the presbytery with scenes from
the life of Mary – arr. 1360

*Les tours de flanc du choeur romanes (Hahnentürme:
Tours des coqs) avec des étages supérieurs du gothique
à son apogée
Tympan du portail sud du choeur, vers 1360
Scènes de la vie de la Vierge
Devant sud du transept roman avec un porche
Renaissance*

parts of the architecture are richly decorated with sculptures. Above all the west tower and the buttresses of the nave bear witness to the master craftsmanship and imagination of the sculptors of the Middle Ages. The **gargoyles,** in addition to their technical function, are meant to banish evil by quasi showing it its own face. Under canopies, which originate from the symbolic idea of the Church as Heavenly City, stand prophets, apostles, saints and angels. On the west side of the tower, the **"Count Figures"** represent worldly power. Beneath them, on the buttresses which flank the arcs of the **vestibule** are to be found the standard measures which were the rule in Freiburg. Besides the ell and the span, one can see the norms to roofing tiles and floor planks as well as loaves of bread in different sizes. For the vestibule, the circular benches of which were needed for the Market Court, theologians designed a rich and complexe program of sculptures. Under the main motif of the Last Judgement, which appears together with the birth and the passion of Christ in the tympanum, scenes from the life of the Virgin Mary plus depictions of the Wise and the Foolish Virgins as well as of Old Testament figures and personifications of the Seven Liberal Arts, upon which the entire science of the Middle Ages was based, are to be seen. The vestibule is only open on Sundays during church services to the market square; during the week, it is entered from the inside of the cathedral, which one enters through one of the side entrances of the nave.

Through the **stained glass** of the large windows dim, soft light falls into their interior. Almost all the windows originate from the construction period of the church. The oldest panes of glass therefore are those in the transept, which date from the time of Bertold V. The round panes which are now to be found in the **windows of the south transept** originally belonged to a window depicting the root of Jesse, which is believed to have been donated by the Duke himself as the main window of the Romanesque choir apse. After his death in 1218, the Duke had been buried near the crossing. Whereas the glass of the clerestory windows of the nave, excluding a few remaining pieces were demolished as early as in the seventeenth and eighteenth centuries, the **windows of the thirteenth and fourteenth centuries** in the side aisles have survived. With a few exceptions, they are donations of trade guilds, which also had their respective coats of arms depicted in the windows. Millers, coopers, bakers, blacksmiths, tailors, painters, vintners, weavers and shoemakers thus demonstrated their personal sense of worth, also based on the increased political power of these trade guides. The Schauinsland window among the clerestory windows and parts of the Tulenhaupt window above the portal of the south side aisle are donations of mining entrepreneurs who operated mine pits in the Schauinsland region. In their windows, they had miners working underground depicted. The glass of the choir was done

des éléments architecturaux est richement orné de sculptures. Notamment la tour ouest et les piliers d'arcs-boutants du vaisseau témoignent de la maîtrise et de la fantaisie des sculpteurs du moyen âge.

Les **gargouilles** doivent, en plus de leur fonction technique, conjurer le Malin auquel elles opposent son propre visage pour ainsi dire. Au dessus, sous les baldaquins qui remontent à l'image de l'église comme une ville céleste, se trouvent des prophètes et des apôtres, des saints et des anges. Sur le côté ouest de la tour, les «**statues des comtes**» représentent le pouvoir temporel. Pour le **porche**, dont les bancs circulaires étaient utilisés pour le tribunal du marché, les théologiens projetèrent un riche programme d'illustrations. Sous le thème principal du jugement dernier, qui apparaît conjointement avec la naissance et la passion du Christ dans le tympan, s'associent des scènes de la vie de la Vierge avec des représentations des vierges folles et avisées, des personnages de l'Ancien Testament et des personnifications des sept arts libéraux sur la base desquels la science du moyen âge se constitue.

A travers les vitres colorées des grandes fenêtres, une lumière crépusculaire tombe à l'intérieur. Presque tout l'ensemble du **vitrage** a vu le jour à l'époque de l'édification de la Cathédrale. Les vitres les plus anciennes se trouvent par conséquent dans le transept puisqu'il fait partie de l'époque de Bertold V. Les vitres circulaires qui sont aujourd'hui montées dans les **fenêtres du transept sud** faisaient partie d'une fenêtre avec la «Wurzel Jesse» (la racine de Jessé) qui, vraisemblablement, avait été offerte par le duc lui-même pour faire office de fenêtre principale de l'abside romane. Bertold V fut inhumé après sa mort en 1218 dans le secteur de la croisée du transept.

Alors que le vitrage des fenêtres hautes de la nef a déjà été démonté au 17e et au 18e siècle à l'exception de quelques restes, les **fenêtres du 13e et du 14e siècle** ont été conservées dans les bas-côtés. A part quelques exceptions, il s'agit de dons faits par les corps de métier de l'artisanat qui firent également placer dans la fenêtre le blason respectif. Les meuniers, les tonneliers et les boulangers, les forgerons, les tailleurs et les peintres, les vignerons, les tisserands et les cordonniers démontrèrent ainsi le sentiment de leur propre valeur qui fut également à la base du pouvoir politique accrû des corps de métier.

Les **représentations des apôtres** sur les piliers de la nef de la **décoration** de l'époque de l'édification ont été conservées. Le **Saint-Sépulcre** dans la nef latérale sud, une représentation du Christ gisant dans le tombeau, est issue de l'époque de la construction de la tour.

Une représentation de la **Cène** créée par Franz Xaver Hauser en 1806 se trouve en face derrière un ensemble d'arcades adaptées au revêtement du Saint-Sépulcre. La **chaire** dans le vaisseau témoigne de la survie des formes du gothique flamboyant. Le maître-maçon de la cathé-

only in the second quarter of the sixteenth century, at a time when the entire surface of a window was not done in stained glass. All glass was restored in the 1920's. Above all in the choir windows, some originals were spoilt in the nineteenth century and had to be replaced by copies (originals to be seen in the Augustian Museum). The panes of the nave were recently restored once again in a just competed ten-year program. At the same time, all windows were given a protective outer layer of glass. Of the appointments dating from the period of construction, the **apostle fugures** on the pillars of the nave have survived. The **Holy Grave** in the south aisle dates from the time of the tower construction; it ist a portrayal of Christ in the Holy Sepulcher. Into the breast of the effigy done in 1330, was put the Blessed Sacrament on Good Friday, Christ's day of death, to be taken out again on Easter Sunday, thus symbolically demonstrating the Resurrection. In the opposite aisle is located the depiction of the **Last Supper,** done by Franz Xaver Hauser in 1806, behind arcades which match those of the Holy Grave. The **pulpit** in the nave bears witness to the survival of late Gothic forms in the middle of the sixteenth century. Master builder Jörg Kempf created it from 1559–61. The canopy is an addition in the early Neo-Gothic style, done in wood by Hauser in 1795. On both sides of the transept are located the arcades of the **rood screen,** installed by Hans Böhringer in 1579, to replace a Gothic one, between crossing and choir. In 1970, it was taken down and put up again at the sides. The **side altars** at the crossing are works of the Late Gothic; the Three King's Altar was carved by Hans Wydyz in 1505 for the house chapel of the Basel Hof. Today, the two former **chapels on the ground floor of the towers** flanking the choir are passages to the Late Gothic presbytery. The south Nicolas Chapel is decorated with Romanesque stone reliefs which, for example, tell the story of "The Wolf who went to School" fable. The central piece of the presbytery appointments is the **high altar,** commissioned from Hans Baldung Grien in 1512 by the minster's curators. The work was completed in 1516. When closed, it shows four scenes from the life of the Virgin Mary: Annuciation, Visitation, Birth of Christ, and Flight into Egypt. The main painting, open at most times today, shows the Coronation of Mary by the Holy Trinity. The back of the detached altar is also painted. In the direction of the ambulatory, which was primarily a place of burial, Baldung Grien created a crucifixion scene with many figures. The **choir railings,** which separate the presbytery from ambulatory and chapels, are works of the late eighteenth century. The decree by the Pope in 1819 which declared Freiburg's Minster to be an episcopal church also brought some changes in the area of the presbytery.

The eleven chapels of the presbytery served as burial places and rooms of private devotion. In the **Stürzel Chapel** is to be found today the Baroque **baptismal font** which was done by Joseph Hörr and F. A. X. Hauser in 1768,

drale, Jörg Kempf, les a créées en 1559–61. L'abat-voix est un ajout du début du néo-gothique, réalisé en bois par F. X. Hauser en 1795.

Dans les bras du transept se tiennent les arcades du **jubé** montées par Hans Böhringer en 1579 à la place d'un jubé gothique entre la croisée du transept et le choeur. En 1790, il fut démonté et déplacé sur les côtés. **Les autels latéraux dans la croisée du transept** sont des ouvrages du gothique flamboyant – l'**autel des rois mages** sculpté en 1505 par Hans Wydyz pour la chapelle privée de la «Basler Hof» (Cour de Bâle), on attribue le **«Annenaltar»** (l'Autel Sainte-Anne) au cercle du maître H. L. de Vieux- Brisach.

Les deux anciennes **chapelles au rez-de chaussée des «Hahnentürme»** (les Tours des coqs) forment aujourd'hui des passages vers le choeur gothique flamboyant. La **«Nikolauskapelle»** (la chapelle de Saint-Nicolas) au sud est décorée de reliefs romans qui racontent, entre autres, la fable du loup qui va à l'école. Le centre de la décoration est le **maître-autel** dont la commande avait été donnée en 1512 par les curateurs de l'eglise à Hans Baldung nommé Grien. La face frontale montre, lorsqu'elle est fermée, quatre scènes de la vie de la Vierge: l'Annonciation, la Visitation, la naissance du Christ et la fuite en Egypte. Le tableau principal, qui est la plupart du temps ouvert aujourd'hui, représente le couronnement de la Vierge par la Trinité. La face arrière de l'autel isolé est également peinte. Pour le déambulatoire du choeur, qui était tout d'abord un lieu d'inhumation, Baldung devait confectionner une crucifixion avec de nombreux personnages. Sous l'illustration de la crucifixion, les curateurs de l'eglise de l'époque et le maître de la loge se firent représenter. Ils adorent la Vierge, patronne de la Cathédrale de Fribourg. Le conseil municipal nommait en son sein les curateurs de l'eglise qui remplissaient la fonction de conseil de surveillance de l'œuvre Notre-Dame. Le maître de la loge, un ecclésiastique, avait sous lui l'entreprise de construction proprement dite, la confrérie des tailleurs de pierre qui en faisait également partie avec les contremaîtres et les compagnons.

Les clôtures de choeur qui séparent le choeur principal du déambulatoire et de la couronne de chapelles sont des ouvrages du 18e siècle. Même la décision prononcée en 1819 par le Pape de faire de l'eglise paroissiale de Fribourg une église épiscopale exigea quelques modifications dans le secteur du choeur.

Les **11 absidioles** servaient de salles de dévotion et d'inhumation privées et furent financées par leurs utilisateurs. Ils devaient également s'occuper de la décoration. Les morts étaient inhumés aussi bien dans les chapelles mêmes que dans la partie située à l'avant du déambulatoire.

based on a model by Johann Christian Wentzinger. The chapel which follows had been enlarged at the expense of the **University** and served as a burial place for professors and scholars. It contains the remaining pieces of the **Oberried Altar** which the Freiburg merchant Hans Oberried commissioned from Hans Holbein the Younger in 1521. He donated it to the Basel Carthusian House and saved the side-pieces by bringing them to his home city in 1529, during the attacks on such pictures at the time of the Reformation. The central panel was destroyed. By donation, these side-pieces came into the possession of the University and were put together in the form of a new altar. The **chapels of the choir apse** were endowed and appointed by means of imperial donations. The windows show Maximilian I, Phillip the Handsome, Karl V, and Archduke Ferdinand I. In the left chapel is located today the altar of the **Snewelin Chapel** a cooperative project of the carver Hans Wydyz and the painter Hans Baldung Grien. Wydyz had also done the carving on the high altar. In the **Böcklin Chapel** hangs the large Böcklin Cross, perhaps donated by Bertold V for the choir appointements of the Romanesque cathedral. Done about the year 1200, it could have served as a triumphal arch cross. The window show the original endower of the chapel, imperial treasurer Jakob Villinger and his wife Ursula on their pilgrimage to Santiago. In the **Locherer Chapel** is to be seen one of the most beautiful carved altars of the cathedral, done by Hans Sixt von Staufen from 1521–24 for the Dean Nicolas Locherer and his relatives. Between Bernhard of Clairvaux and Antonius Abbas, Mary spreads her cloak to gather all worldly and clerical stations of society. The strict order within the stations, even in this religious context, reveals much about the hierachy of society in the Middle Ages. Among the numerous tomb monuments and **epitaphs** of the presbytery, one is of primary interest: done for the Austrian general Franz Christian Joseph von Rodt by Johann Christian Wentzinger in 1743, it is one of the main works of this important Baroque artist. It is to be found on the wall of the front part of the presbytery above the main playing board for the four **cathedral organs.**

Dans la **chapelle Stürzel** se trouvent aujourd'hui les **fonts baptismaux** baroques qui furent réalisés d'après un modèle de Johann Christian Wentzinger en 1768. La chapelle suivante avait été aménagée aux frais de l'université et servait de caveau pour les professeurs et les savants. Elle abrite les restes d'une **autel** que le commerçant fribourgeois Hans **Oberried** fit peindre en 1521 chez Hans Holbein le Jeune. Il en fit don à la chartreuse de Bâle et sauva les volets en 1529 de l'iconoclastie de la Réforme dans sa ville natale.

Les **chapelles de l'abside** ont été décorées grâce à des donations impériales. Les fenêtres montrent Maximilien Ier, Philippe le Beau, Charles Quint et l'archiduc Ferdinand Ier. Dans la chapelle impériale gauche se trouve aujourd'hui l'autel de la chapelle Snewelin, un travail fait en collaboration par le sculpteur Hans Wydyz et le peintre Hans Baldung Grien.

Dans la **chapelle Böcklin,** est accrochée la **croix de Böcklin** peut-être un don de Bertold V pour la décoration du choeur de la Cathédrale romane. Exécutée vers 1200, elle a pu servir de croix d'arc de triomphe. Les fenêtres (copiées) montrent le fondateur d'origine de la chapelle, le trésorier général impérial Jakob Villinger, et son épouse Ursula se rendant au pèlerinage de Saint-Jacques-de-Compostelle. Dans la **chapelle Locherer** se dresse l'un des plus beaux autels sculptés de la Cathédrale. Hans Sixt von Staufen l'exécuta en 1521–24 pour le doyen Nikolaus Locherer et ses parents. Entre Bernard de Clairvaux et Saint-Antoine la Vierge étend son manteau afin d'y réunir dessous l'état laïque et le clergé. L'ordonnance stricte à l'intérieur des deux états même dans ce rapport religieux nous révèle de nombreux détails sur la composition de la société à la fin du moyen âge.

Parmi les nombreux tombeaux et épitaphes du secteur du choeur, on citera notamment le **tombeau pour le général autrichien Franz Christian Joseph von Rodt** éxécuté en 1743 par Johann Christian Wentzinger, l'un des ouvrages principaux du remarquable artiste baroque. Il se trouve sur le mur de l'avant-choeur au dessus de la table de jeu générale pour les quatre **orgues de la Cathédrale**.

Western tower, spire and octagonal hall ▷
La tour Ouest: Pyramide et halle octogonale

Pulpit and "swallow's nest" organ in the nave

Chaire et orgue du «nid d'hirondelle» dans le vaisseau

◁ *Petrified theology: the vestibule and the main portal*

Théologie pétrifiée:
Le portail principal dans le porche de la tour

Statue of Our Lady at the main portal's central pillar –
arr. 1300

Statue de madone sur le trumeau du portail principal
(à l'intérieur), vers 1300

The late gothic presbytery seen to the east before the ▷
recent alterations in the transept

Le choeur de gothique flamboyant avec une riche voûte
réticulée avant les transformations dans le secteur de la
croisée du transept

22

The miller's stained-glass-window (Rose of the northern aisle), arr. 1320/30
La Müllerfenster (Rose de la nef latérale nord), vers 1320/30

◁ *The "Tulenhaupt" stained-glass-window with miners, arr. 1320/30*
  La Tulenhauptfenster avec des scènes de l'exploitation minière, vers 1320/30

The Last Supper in its chapel of 1806 (F. X. Hauser)

Groupe de sculptures de baroque tardif dans la chapelle de la Cène (Franz Xaver Hauser, 1806)

Romanesque sculptures in Saint Nicholas' chapel ▷
Fighting centaurs
Saint Jacob the Great crowning a pilgrim
Alexander the Great brought to heaven by gryphoons
The wulf at school with his teacher

Sculptures romanes dans la Nikolauskapelle
(Südlicher Hahnenturm: Tour des coqs sud)
Centaures combattants
Saint-Jacques couronne un pèlerin
Alexandre le Grand se fait conduire au ciel par des griffons
Le loup va à l'école chez un moine

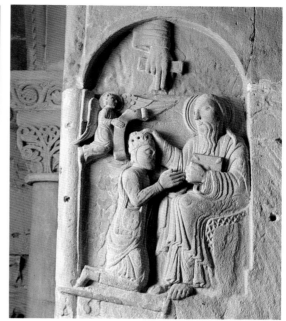

The ambulatory and the Snewelin and Imperial chantry
chapels seen to the east (altars by F. X. Marmon, 1869
and 1875)
University chapel with Holbein's Oberried Altar
The Baroque font in Stürtzel chapel

Vue dans le déambulatoire du choeur avec la chapelle du
Schnewlin et la première chapelle impériale
Autels de F. X. Marmon, 1869 et 1875
Chapelle de l'université avec les peintures sur aile
de l'autel Oberried (Hans Holbein le Jeune, 1521)
Les fonts baptismaux dans la Stürzelkapelle

The High Altar (painted by Hans Baldung Grien, carved
by Hans Wydyz, 1512–16)

Face des jours de fête du maître-autel, panneaux
de Hans Baldung Grien, ouvrages sculptés sur bois par
Hans Wydyz, 1512–16

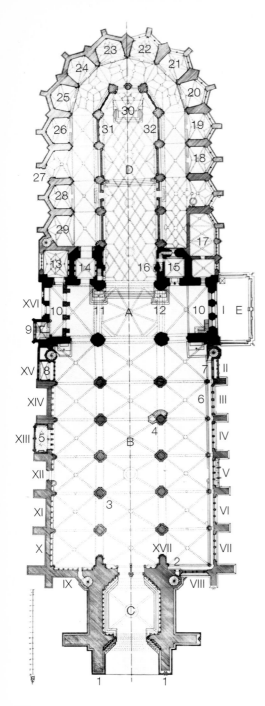

Legende zum Münstergrundriß

A Querhaus und Vierung
B Langhaus
C Turmvorhalle
D Chor mit Umgang und Kapellenkranz
E Vorhalle

I Reste des Jessefensters
II Scheiben aus dem Konstanzer Münster
III Himmelsbachfenster
IV Märtyrerfenster
V Tulenhauptfenster
VI Schusterfenster
VII Tucherfenster
VIII Rosenfenster der Rebleute
IX Rosenfenster der Müller
X Küferfenster
XI Bäckerfenster
XII Schmiedefenster
XIII Schneiderfenster
XIV Malerfenster
XV Margarethenfenster
XVI Hlg. Afra, Josaphat und Magdalena Radfenster mit Werken der Barmherzigkeit
XVII Schauinsland- oder Schnewlinfenster

1 Normmaße an den Turmstrebepfeilern
2 Aufgang zum Turm
3 Schwalbennestorgel
4 Kanzel
5 ehem. Ölbergkapelle, heute Grafenkapelle
6 Liegefigur von einem Rittergrab, sog. Bertold V.
7 Heilig-Grab-Kapelle
8 Abendmahlskapelle
9 Peter- und Paulskapelle
10 Arkaden des ehem. Lettners
11 Dreikönigsaltar
12 Annenaltar
13 Alexanderchörlein
14 Magdalenenkapelle
15 Nikolauskapelle
16 Grabmal des Generals von Rodt
17 Sakristei
18 Stürzelkapelle
19 Universitätskapelle
20 Lichtenfels-Krozingenkapelle
21 Schnewlin(Snewelin)-Kapelle
22 Erste Kaiserkapelle
23 Zweite Kaiserkapelle
24 Villinger- oder Böcklinkapelle
25 Sotherkapelle
26 Lochererkapelle
27 Chornordportal
28 Blumeneckkapelle
29 Heimhoferkapelle
30 Hochaltar
31 Reste des Bischofsthrones
32 Dreisitz

The Old City –

Today, two street routes still determine the present layout of the Old City. From the Schwabentor ("Swabian Gate") **Salzstrasse** ("Salt Street") wends its way to the west in long curves. This street, which existed long before Freiburg the city came into existence, is named after the most important product which was transported along it. Along this street, archaelogical excavations of recent years have turned up the oldest traces of buildings in the city. Many of the houses in the area of **Oberlinden** are built over deep cellars which go back to the times when the Zähringers settled in the Breisgau region and had their castle fortress built on Schlossberg Mountain. The **"Bären",** for example, is not only Germany's oldest inn, having an uninterrupted series of inkeepers since 1387; the cellar of the stately Baroque building was dug in the eleventh century.

The second main street of Freiburg stretches at a right angle to Salzstrasse, leading north and south in a straight line. The **Grosse Gass** ("Large Lane") was the main market of medieval Freiburg and actually a row of market squares, with one-storey market halls in the middle (the so-called "arcades") which served merchants and artisans as stalls. Courts and stocks were also located on the market square. About the year 1200, the city acquired its first stone city wall with five tower gates and a deep moat. Two of these still exist today: the **Martinstor,** which forms the south end of Kaiser-Joseph-Strasse, and the somewhat younger **Schwabentor** through which led the trade route from Swabia into the city.

Around the cathedral are gathered some of the most remarkable buildings of all epochs. Whereas the square itself was separated from the city by a wall up to about two hundred years ago, the north side served as the main cemetery until 1513. Buildungs which had to do with the market in some way were erected at the edges. The center of the city's trade was the magnificent "Kaufhaus" building ("House of Trade"). The Late Gothic wing on the cathedral square was erected on the site of previous buildings of the fourteenth century (1518/10 to 1532). Facade and corner bay window were given a series of coats of arms and figures based on the House of Habsburg by the sculptor Hans Sixt von Staufen. Besides cellars and storerooms, the Kaufhaus also provided rooms of representation, among them the large Emperor's Hall, which runs the entire length of the upper floor. It was one of the few buildings in medieval Freiburg which had arcades of stone. The archways on Kaiser-Joseph-Strasse were built after World War II.

On the north side of the cathedral square is located the **Kornhaus,** rebuilt in 1970. The building, destroyed in 1944, was erected in 1498 as the City Dance and Grain House; for a time, it served as a slaughterhouse, and, after 1770, as the first permanent theater in Freiburg.

Le centre historique

Deux tracés de rue dominent encore aujourd'hui le plan d'ensemble de la vieille ville. A partir de la «Schwabentor» (Porte de Souabe), la **«Salzstraße»** (Rue du Sel) conduit vers l'ouest en des tournants prolongés. Cette route du commerce qui existait déjà avant la naissance de Fribourg est nommée d'après le nom du plus important produit que l'on y transportait. L'ancienne bifurcation près de **Oberlinden** existait également avant la fondation de la ville.

Le **«Bären»** (Ours) est non seulement la plus ancienne auberge d'Allemagne grâce à sa suite ininterrompue d'aubergistes depuis 1387, mais les caves de la maison baroque majestueuse furent déjà creusées au 11e siècle. La deuxième rue principale de Fribourg s'étend transversalement jusqu'à la «Salz /Bertoldstraße» (Rue du Sel/Rue Bertold) dans la direction nord-sud. Contrairement à l'ancien tracé de rue, celui-ci est droit. La **«Große Gaß»** (la Grand-rue), dénommée d'après l'Empereur Joseph II depuis le 18e siècle, est en fait une suite de places de marché et on avait construit en son milieu des halles à un étage, les arcades, qui servaient de lieu de vente aux marchands et aux artisans.

Le lieu où l'on rendait justice et les piloris se trouvaient également sur le marché principal.

Vers 1200, la ville eut son premier mur d'enceinte en pierre avec cinq tours de porte et un fossé profond. Deux des portes se sont maintenues, la **«Martinstor»** (Porte Saint Martin) marquant la fin de la rue Kaiser-Joseph-Straße au sud, et la porte **«Schwabentor»**, un peu plus récente, par laquelle la route commerciale entrait dans la ville en venant de Souabe.

Dans presque toutes les rues de la vieille ville, on trouve le **«Bächle»** (petit ruisseau) si typique de Fribourg, un petit canal dans lequel s'écoulent les eaux de la Dreisam. Autrefois, ces petits ruisseaux coulaient au milieu de la rue, captaient l'eau de pluie et le trop-plein des fontaines, aidaient à éteindre les feux et pourvoyaient à la propreté de la ville. L'introduction d'eaux usées restait cependant limitée. Pour l'élimination proprement dite, on utilisait des fosses de drainage situées derrière les maisons et qui sont aujourd'hui des objets de recherche importants pour l'histoire de la ville. La **«Münsterplatz»** (Place de la Cathédrale) fut le cimetière principal de la ville jusqu'en 1513 et demeura limité par un mur jusqu'à il y deux siècles. Le centre commercial de la ville était la superbe **Kaufhaus (maison des marchands)**.

L'aile de gothique flamboyant sur la Münsterplatz fut édifiée à la place des bâtiments prédécesseurs déjà mentionnés au 14e siècle entre 1518/20 et 1532. La façade et l'encorbellement d'angle reçurent de la main du sculpteur Hans Sixt von Staufen un ensemble de personnages et de blasons relatif à la maison des Habsbourg.

Aerial view of the town center from northwest
La Cathédrale dans le centre de la vieille ville, le Schloßberg et le quartier Oberau le long de la Dreisam

The "Neue Kaufhaus" (new merchant's Hall)
Le Kaufhaus sur la place de la Cathédrale

◁ Courtyard and hall in the ground floor looking towards the
"Altes Kaufhaus" (old merchant's Hall)
Paying stall money in the market square
View from the cathedral's tower to Saint George's fountain

Halle du rez-de-chaussée dans le Kaufhaus avec vue
sur le «Altes Kaufhaus» (ancienne maison des marchands)
Marché sur la Münsterplatz: les droits d'étalage sont
encaissés
Vue du tour de la cathédrale sur le marché et fontaine
Saint-Georges

The granary and the Fish fountain
L'entrepôt de grains avec la fontaine du poisson

The Baroque period as well left important traces on the square. There is, for example, the **Haus zum Ritter** ("House of the Knight") to the right of the Kaufhaus, which was built 1756 for the knights of the Breisgau region. Since 1832, it has served as the Archibishop's Palais. The old facade could be kept when it was rebuilt after 1944. The **Haus zum Schönen Eck** ("House of the Lovely Corner"), however, at the southeast corner of the square did not suffer destruction. In 1761, Johann Christian Wentzinger, Freiburg's most versatile and important Baroque artist, moved into this palais, which he designed and decorated himself. In his living and working area, Wentzinger put in a georgeous staircase and an elegant hall. A gilded self-portrait of the artist is to be seen on the balcony railing. Wentzinger survives not only as a gifted artist but also as a generous endower. In his will and testament (he died in 1797), the city poorhouse is named as his main heir.

Also on the cathedral square is the back of the **Basler Hof** which Maximilian's court chancellor Konrad Stürzel von Buchheim had built from 1494–96. The main facade on Kaiser-Joseph-Strasse was redecorated after 1587 by the Basel cathedral chapter. The canons had fled Basel because of the Reformation in 1529, and remained in exile in Freiburg until 1677. Since 1952, the rebuilt Basler Hof has been the seat of the Administrative District President.

Only a few steps further, in the Franziskanergasse, is to be found another house built by a high civil servant to the Emperor, imperial treasurer Jakob Villinger von Schönenberg. The bay portal of the **Haus zum Walfisch** ("House of the Whale"), completed in 1516, is one of the most beautiful achievements of Late Gothic Art in sourthern Germany. During extensive renovations from 1909–11, the adjacent and back buildings were adapted in conformity, thus forming a harmonious complex whole.

The monastery buildings belonging to the former **Franciscan St. Martin's Church** built arround 1300 were, with the exception of one aisle of the cloisters, taken down. Thus was created the City Hall Square with its **monument to Bertold Schwarz,** the inventor of gunpowder. The interior of the old church, heavily damaged in 1944, was rebuilt in its original form.

The **Old City Hall,** painted red, came into existence through the fusion of several older houses in 1557 and following years. In its courtyard is to be found the oldest structure for city council affairs, the so-called **"Court Arcade",** reconstructed from 1975–79.

A double house of the Renaissance period was joined with a council-room wing and thus became the **New City Hall.** Previously, the building had housed the university and then the outpatients' clinic. The name Alte Universität ("Old University Hall") went over to the former **College of the Jesuits** erected in 1699 on the site of older university buildings and students' hostels. The **university church**

Sur le côté nord de la Münsterplatz, se trouve la **«Kornhaus»** (Entrepôt de grains) reconstruit en 1970. La construction détruite en 1944 fut crée en tant que salle de danse et entrepôt de grains municipaux. Elle servit temporairement de «Metzig» (abattoir) et depuis 1770 en tant que «Comödienhaus» (salle de comédie) et fut par là le premier théâtre fixe à Fribourg.

La **«Haus zum Ritter»** (la Maison du Chevalier), datant de l'époque baroque, à droite de la Kaufhaus, fut construite en 1756 pour la chevalerie du Brisgau. Depuis 1832, elle sert de palais archiépiscopal. Lors de la reconstruction, il fut possible de réutiliser l'ancienne façade. La **«Haus zum Schönen Eck»** (la Maison du beau coin) à l'angle sud-est de la Münsterplatz par contre ne fut pas détruite. En 1761, Johann Christian Wentzinger, l'artiste baroque le plus varié et le plus remarquable de Fribourg, s'installa dans ce palais qu'il avait lui-même conçu et aménagé. Wentzinger pourvut son lieu d'habitation et de travail d'une superbe cage d'escalier et d'une salle élégante.

Le **«Bürgerspital et Pfründhaus zum Heiligen Geist»** (Hôpital des bourgeois et Maison de Prébende du Saint-Esprit) qui s'occupait surtout des soins infirmiers et des personnes âgées pour les riches habitants Fribourgeois, se trouvait depuis le 13e siècle dans la Münstergasse (Ruelle de la Cathédrale). A la place des bâtiments de l'hôpital se dresse aujourd'hui un bâtiment neuf abritant un grand magasin de l'architecte de Karlsruhe Heinz Mohl (1973–75).

De même la face arrière du palais **«Basler Hof»,** que le chancelier de la cour de Maximilien, Konrad Stürzel von Buchheim, fit construire en 1494–96, touche à la Münsterplatz. La façade principale donnant sur la Kaiser-Joseph-Straße fut décorée à neuf après 1587 par le chapitre de Bâle. Les chanoines avaient fui Bâle en 1529 devant la Réforme et restèrent en exil jusqu'en 1677 à Fribourg. Depuis 1952, le palais du Basler Hof reconstruit est le siège du président du gouvernement régional. A quelques pas de là seulement, dans la «Franziskanergasse» (Ruelle des Franciscains), se trouve un autre immeuble d'habitation qui fut construit par un haut fonctionnaire impérial, le trésorier général Jakob Villinger von Schönenberg. L'encorbellement du portail de la maison **«Zum Walfisch»** (A la Baleine) achevé en 1516 fait partie des plus beaux travaux du gothique flamboyant dans le sud de l'Allemagne. A l'occasion d'une vaste transformation en 1909–11, on a assorti les annexes et les bâtiments à l'arrière.

Les bâtiments du monastère appartenant à l'église franciscaine **Saint-Martin** construite vers 1300 furent démolis à l'exception d'un bras du cloître en 1840–52. Ainsi naquit la «Rathausplatz» (Place de l'Hôtel de Ville) avec le **monument pour Bertold Schwarz,** l'inventeur de la poudre à canon.

Portal to the courtyard of the "Haus zum Walfisch" at "Potato market" (C. A. and M. Meckel, 1910)

Entrée de la cour de la «Haus zum Walfisch» (Maison A la Baleine) sur le marché aux pommes de terre (C. A. et M. Meckel, 1910)

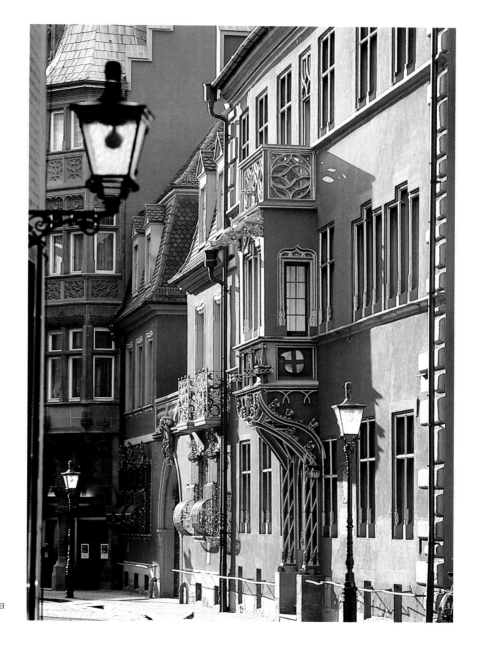

Main facade of the
"Haus zum Walfisch"

Façade de la
«Haus zum Walfisch» dans la
Franziskanergasse

The town council's assembly room in the new Town Hall (1898/1901)
La salle du conseil de 1898/1901 dans le nouvel hôtel de ville

◁ *The new and the old Town Hall*
The old Court – oldest administration building in Freiburg
Street-musicians on Town Hall Square

Le nouveau (à gauche) et l'ancien hôtel de ville
La «tonnelle du tribunal» – Le plus ancien bâtiment de
l'hôtel de ville
Musiciens ambulants sur la place de l'hôtel de ville

The stair-house in the archepiscopal administration ▷
building (Ordinariat) designed by R. Jeblinger in 1903–06

La cage d'escalier néo-romane dans le bâtiment
administratif d'archevêché sur la Schoferstraße
(1903–06: Architecte: Raimund Jeblinger)

The gables of Palais Sickingen (above) and Commandery
of the Teutonic Order (below) – Terracotta sculpture by
W. Schelenz (1965) in the courtyard of Palais Sickingen –
Staircase of the commandery with mural paintings by
P. Schubert (1986)

*Frontons de l'ancien Palais Sickingen et de la
Commanderie de l'Ordre Teutonique (Jös. Hör, après 1770)
Sculpture en terre cuite de Walter Schelenz dans la cour
du Palais (1965)
Salle d'escalier de la Commende de l'Ordre Teutonique
(Peinture de Peter Schubert, 1986)*

The nave of University Church (former Jesuits' Church)

*L'intérieur de l'église de l'université
(ancienne église des Jésuites)*

Collegiate building I ▷
Courtyard of the "Old University" – former Jesuit's college
Portal of the Collegiate building I

*Bâtiment n° 1 du collège de l'université
Cour de la «ancienne université» (Ancien collège des Jésuites)
Portail du Bâtiment n° 1 du collège*

which belonged to it, begun in 1683, burned down completely in 1944. On the walls of the nave, the stucco was reconstructed. Behind the Jesuit College lies the expansive complex of the so-called **"Black Convent",** built from 1708–10 for the order of Ursuline nuns who were clothed in black. The convent church still shows the intact interior of the early 18th century.

Across form the **City Theater,** built from 1905–10 on a former bastion of the Vauban fortifications, is located the University Quarter. From 1906–11, the **Kollegiengebäude I** (College Building I), the work of architect Hermann Billing and one of the main examples of Art Nouveau in Baden, was under construction. On the open square in front of **Kollegiengebäude II,** completed in 1961 by Otto Ernst Schweizer, there is a memorial stone im remembrance of the synagogue, destroyed during the so-called "Reichskristallnacht" in 1938; a **new synagogue,** located near the cathedral, opened its doors in 1987. Behind this building, one of the old abbey houses, **Peterhof** ("St. Peter's Court"), where the abbots or monks teaching at the university had their city quarters. In the house belonging to the Benedictine Abbey of St. Peter in the Black Forest, the destruction of 1944 spared the chapel of 1586/97, an example of Manierism. A further abbey mansion in the university area is the Rococo house **Zur lieben Hand** ("At the Dear Hand") east of Kollegiengebäude III which belonged to the Swiss Abbey of St. Gallen. Today's Kollegiengebäude IV is the **old University Library,** built by Carl Schäfer from 1896–1901 above the old city moat. The Neo-Gothic building was damaged in the war and repaired in 1957.

On Rempartstrasse stands as well the only architectural witness to the Baroque fortifications, the **Breisach Gate** which took over the function of the medieval Martin's Gate. Four such portals in the fortifications took the place of the five gates of the old city center. Between the Martinstor and the Schwabentor, the suburb **Schneckenvorstadt** was the only medieval one to be taken inside the Baroque fortifications. The Gewerbekanal ("Trade Canal") flows through it, a former tributary of the River Dreisam, on which the tanners, millers, and gem-cutters had their workshops. The **Fischerau** turns off to the east before the Martinstor and can still give an impression of this medieval trade area. The **new Adelhausen Convent** was built directly at the fortification wall by Dominican nuns who had been driven out of their convents in the destroyed villages of Adelhausen and Wiehre. The convent church, consecrated in 1699, still possesses the interior appoint-

L'intérieur de l'église fortement endommagé en 1944 fut refait dans son ancien caractère.

L'**ancien hôtel de ville** peint en rouge a été créé en 1557 et les années suivantes grâce à la réunion de plusieurs maisons anciennes. Dans la cour de l'hôtel de ville, se trouve le plus ancien bâtiment du conseil de la ville, la dénommée **«Gerichtslaube»** (tonnelle du tribunal) reconstruite en 1975–79.

Des maisons de la Renaissance furent reliées en 1896–1901 par une aile de la salle du conseil et aménagées en **nouvel hôtel de ville**. Auparavant, le bâtiment avait abrité l'université, plus tard la policlinique. Son nom «Alte Universität» (l'ancienne université) s'est transmis à l'ancien **collège des Jésuites** qui fut érigé à partir de 1699 à la place des vieux bâtiments universitaires et de foyers d'étudiants. La **«Universitätskirche»** (l'église de l'université) s'y rattachant commencée en 1683 est entièrement brûlée en 1944. Le stuc a été reconstruit sur les murs du vaisseau. Derrière le collège des Jésuites se trouve le vaste complexe du **«Schwarzes Kloster»** (le Monastère Noir), édifié en 1707-10 pour les ursulines (habillées en noir). L'église abbatiale sur la Rathausgasse montre encore l'intérieur intact de l'époque de la Régence avec de délicats ouvrages en stuc et une décoration précieuse.

En face du **«Stadtheater»** (Théâtre municipal) édifié en 1905–10 sur un ancien bastion des fortifications de Vauban, se trouve le quartier universitaire. Le **Bâtiment du collège KG I** fut construit en 1906–11. L'ouvrage de l'architecte Hermann Billing est l'un des édifices principaux de style 1900 dans le pays de Bade. Sur l'emplacement libre devant le **KG II** achevé en 1961 par Otto Ernst Schweizer, une pierre commémorative rappelle la synagogue détruite en 1938 pendant la «Reichskristallnacht». En 1987, on a pu inaugurer la nouvelle **synagogue** sur la Engelstraße.

Dans le quartier universitaire, se trouvent aujourd'hui deux maisons de monastère utilisées comme instituts. La **«Peterhof»** (Cour Saint-Pierre) appartenait à Saint-Pierre en Forêt-Noire. Dans les caves, là où le vin de la dîme était entreposé, mûrissent encore aujourd'hui des vins de grand cru. Saint-Galle de Suisse était propriétaire de la maison rococo **«Zur lieben Hand»** (A la Bonne Main).

◁ *Saint Martin's Gate and Poppen & Ortmann House (1903/05)*
Scenes from Fischerau (Fishermen's row)

La Martinstor avec la maison Poppen & Ortmann (Herm. Billing, Jos. Mallebrein, 1903/05)
Scènes de la Fischerau

Saint Martin's Gate with parade of the historical City Guards ▷
Le côté sud de la Martinstor avec le rassemblement de la milice bourgeoise historique de Fribourg

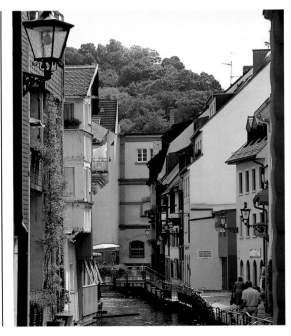

Interior of Adelhausen Nunnery Church

Intérieur de l'église abbatiale de Adelhausen

The "Rote Bären" –
Germany's oldest Inn

Le «Rote Bären»
(Ours rouge) à
Oberlinden

External facade of the Schwabentor with painting of
Saint George (F. Geiges, 1903)

Côté aval de la Schwabentor avec le patron de la ville
Saint-Georges (Fritz Geiges, 1903)

ments of the time around 1700; the convent buildings and the cloisters house the Museum of Ethnology. In the Adelhausen school is to be found the Museum of Contemporary Art. Via it, one reaches the **Insel** ("Island"), probably the most picturesque quarter of the Old City. Old tanners' houses and the oil mill with its lovely curved roof bear witness to the types of trade typical of the Schneckenvorstadt. The link between Insel and city center is the **Augustinian Square** which was created by breaking through the city wall. Parts of the wall can still be seen to the right and left of the square; behind the houses north of the Gerberau, it still has its former height in some places. The square owes its name to the **monastery of the Augustinian Order,** which was built between 1278 and 1350. Since 1923, the church and buildings have been the site of the Augustinian Museum.

The stone obelisk by Ulrich Rückriem across from the museum's entrance belongs to the law courts erected in 1982/86. The facade of the **prebend of the Teutonic Order,** which was begun in 1768 according to plans by Franz Anton Bagnato and then destroyed in 1944, is incorporated into the facade of the courts which faces Salzstrasse.

Via Augustinergasse with its particularly beautiful mosaics of pebbles from the Rhine, the "head-cheese-paving" so typical of Freiburg, one reaches, along Schusterstrasse, the cathedral square once again.

Museums in Freiburg

The **Augustiner Museum** is housed in the former church and monastery of the Order of St. Augustine. The principal item of these city collections is the Adelhausen Nunnery. Treasure, with its rich variety of illuminated manuscripts, goldsmiths' works, and textiles. The second most important collection comprises items of the Diocesian Museum, which has no house of its own, on permanent display here. Some of the most valuable pieces are on exhibit in the treasury vault, among them a rare Carolingian cut crystal showing the Crucifixion of Christ, the two Liebenau crosses dating from the fourteenth and fifteenth centuries, and the Malterer Carpet, showing scenes of "The Crafty Tricks of Women". In a small room at the eastern aisle of the cloisters is to be found one of the main works of German painting around 1500: the panel by Matthias Grünewald depicting the "Snow Miracle". Pope Liberius receives a sign from the Mother of God: in the summer, snow falls upon the spot in Rome where the church Santa Maria Maggiore is to be built. The painting was originally a side panel of the Snow Altar of the Virgin Mary in the collegiate church of Aschaffenburg; the central painting is the famous Stuppach Madonna. In the same room can be seen panel paintings by Lucas Cranach the Older and Hans Baldung Grien. Among the most beautiful carved objets d'art from the time of transition

Entre les portes de la Martinstor et la Schwabentor, le **«Schneckenvorstadt»** est le seul faubourg du moyen âge à avoir été intégré dans la fortification baroque. Il est traversé par un canal artisanal, un ancien bras de rivière de la Dreisam, au bord duquel les tanneurs, les meuniers et les tailleurs de pierres précieuses avaient leurs établissements. La **«Fischerau»** (Ruelle des Pêcheurs) oblique à l'est devant la Martinstor et est encore à même de donner une impression de cette zone artisanale du moyen âge.

Les dominicaines expulsées de leurs monastères dans les villages détruits de Adelhausen et Wiehre s'installèrent dans le **Adelhauser Neukloster** directement au rempart. L'église abbatiale inaugurée en 1699 possède encore la décoration de l'époque autour de 1700. La **«Augustinerplatz»** (la Place des Augustins), qui a été créée grâce à la rupture du mur d'enceinte, sert de liaison entre la «Insel» et le coeur de la ville. On peut encore voir des restes du mur à droite et à gauche de la place, et derrière les maisons situées au nord de la «Gerberau» (Rue des Tanneurs), il a encore partiellement conservé toute sa hauteur. La place doit son nom au **«Kloster der Augustinereremiten»** (le Monastère des ermites augustins), édifié entre 1278 et 1350, qui est l'actuel Augustinermuseum. L'obélisque en pierre de Ulrich Rückriem en face de l'entrée du musée fait partie d'un palais de justice érigé en 1982/86. Sur sa face avant donnant sur la Salzstraße, on a intégré la façade de la **«Deutschordenskommende»** (Commende de l'Ordre Teutonique) détruite en 1944 dont la construction avait commencé d'après des plans de Franz Anton Bagnato en 1768. Un an plus tard on construisait en face le **Palais Sickingen** d'après un projet de Pierre Michel d'Ixnard. Il fut également détruit en 1944, et sa façade fut placée devant un nouvel édifice en 1962/65. Les intérieurs modernes permettent une comparaison intéressante entre une réalisation du milieu des années soixante encore dominée par les années cinquante et une décoration post-moderne.

Les musées de Fribourg

Le **Augustinermuseum** est abrité dans l'ancien monastère des ermites augustins. La partie centrale des collections de la ville est constituée par le trésor du monastère de Adelhausen avec ses riches ensembles de manuscrits enluminés, de pièces d'orfèvrerie en or et de tissus. A côté de cela, on range à la deuxième place des groupes de collection importants, le prêt permanent du musée diocésain qui ne possède pas de bâtiment propre.

from Late Gothic to Renaissance is a small carving of boxwood which depicts the Fall from Grace, which was probably done by the master artist H. L. (known only by his initials), whose main work, the high altar of Breisach, can be seen in the Minster of Breisach. The church itself is also devoted to art of the Middle Ages and has on display primarily works of the Upper Rhine region. In the glass cases on the west wall, small statues, manuscripts, and carpets are to be seen, among the latter the Carpet of Mary, which was woven about the year 1400 either in or for St. Catherine's Abbey in Adelhausen. Among the numerous altar panels, those of the master of the Housebook are worthy of special mention: a masterpiece painting of the Late Middle Ages (about 1480). The three panels, showing the appearance of Christ before the people (Ecce homo), the Crucifixion, and Christ before the High Priest, are one of the main works of this Central Rhine painter, who also did graphic art work, unfortunately anonymous. Underneath the church is located the cellar, exhibiting glass painting. It presents stained glass panes from the cathedral and other churches of Freiburg in didactically excellent display order. Together with the church and the windows to be seen in the cloisters, they form one of the best collections of glass painting from the Middle Ages to the present that can be found in a German museum. Sculptures from the cathedral are also on exhibit in the cellar, which, as with some of the windows, had to be replaced at their original locations by copies.

The Department of Baroque Art of the Augustiner Museum contains, among other things, works of art form the circle around Johann Christian Wentzinger, painter and sculptor, the most important artist of the Baroque period in Freiburg. A number of works from his own hand are also on exhibit. This man is of importance beyond the borders of the city of Freiburg.

On the second floor, the historical rooms are of main interest, which provide a good impression of the style of living of the eighteenth and nineteenth centuries. A collection of high-quality southern German fayences with emphasis on pieces of the eighteenth century from Strasbourg and Durlach gives a survey of form and decoration of pottery from the seventeenth to the nineteenth century. The recently rearranged upper floor is devoted to two areas. Emphasis is placed above all on the painting in Baden of the nineteenth century, influenced by the academies in Heidelberg and Karlsruhe. Ludwig Thoma, Anselm Feuerbach, Wilhelm Trübner and Emil Lugo are only a few of the painters who are well represented here by good examples of their work. Through the generosity of the Deutsche Bank, which acquired the Giorgio Silzer glass collection and placed it on permanent loan to the Augustiner Museum, a new department could be opened in 1988. Enhanced by items already in possession of the museum, it provides a general survey of glass art from Historicism through Art Nouveau up to the contemporary.

L'intérieur de l'église est également réservé à l'art du moyen âge et montre essentiellement des oeuvres de la région du cours supérieur du Rhin. Dans les vitrines au mur ouest sont exposées des petites sculptures, des manuscrits et des tapisseries. Sous l'église se trouve la cave de vitraux qui présente de façon didactique remarquable des vitres colorées de la Cathédrale et d'autres églises de Fribourg. Conjointement avec les fenêtres présentées à l'intérieur de l'église et dans le cloître, elles forment l'une des plus riches collections de la peinture sur verre du moyen âge jusqu'à aujourd'hui que l'on peut trouver dans un musée allemand. Toujours dans la cave, on a exposé des sculptures de la Cathédrale de Fribourg qui, comme quelques-unes des fenêtres, durent être remplacées par des copies sur l'emplacement d'origine.

La section baroque du Augustinermuseum renferme entre autres des ouvrages du cercle de l'artiste le plus important de l'époque baroque travaillant à Fribourg, du peintre et sculpteur Johann Christian Wentzinger. Une série de travaux de la propre main de ce maître important au-delà de sa région est également exposée.

Au deuxième étage ce sont surtout les pièces historiques, qui offrent une impression de l'aménagement de l'habitat des 18e et 19e siècles, qui sont intéressantes. Une collection pleine de qualité de faïences du sud de l'Allemagne où le point central se concentre sur des travaux de Strasbourg et Durlach du 18e siècle, donne une vue d'ensemble des formes et du mode de décoration de la céramique du 17e siècle jusqu'au 19e siècle.

L'étage supérieur réorganisé est réservé à deux domaines. Le point central se concentre sur la peinture du pays de Bade du 19e siècle dominée surtout par les académies de Heidelberg et Karlsruhe.

Grâce au prêt permanent de la collection de verres Giorgio Silzer acquise par la Deutsche Bank, il a été possible d'ouvrir en 1988 une nouvelle section dans le Augustinermuseum. Complétée par des réserves propres, elle offre une vaste vue d'ensemble de l'art du verre de l'historisme en passant par le style 1900 jusqu'à des travaux contemporains.

Un bâtiment scolaire, édifiée autour de 1900, abrite le **«Museum für Neue Kunst»** (Musée d'Art Moderne) dans lequel la ville montre son ample collection de l'art de notre siècle du moderne classique jusqu'à aujourd'hui. Le point central principal, celui également des expositions spéciales, se concentre sur l'art et les artistes de la région. L'expressionisme et le néo-réalisme ainsi que les tendances abstraites des années cinquante sont des groupes de collections importants de l'exposition permanente ordonnée chronologiquement.

Depuis 1931, le **«Naturkundemuseum»** (le Musée des Sciences Naturelles) fondé déjà en 1895 se trouve dans un autre bâtiment scolaire sur la place Augustinerplatz. Le

Augustiner Museum:
Altar- and Procession crucifix
from Liebenau nunnery near
Worms (after 1342)

Augustinermuseum:
Crucifix d'autel et de
procession du monastère de
Liebenau près de Worms
(associé au monastère de
Adelhausen près de Fribourg
en 1563), après 1342

◁ Carolingian crystal-carving, arr. 850
Portable altar from Adelhausen nunnery, arr. 800
The original sin, boxwood, Master H. L., ab. 1520/30
Crucification, J. C. Wentzinger, bef. 1757

*Gravure sur cristal carolingienne (vers 850, dans une
version de gothique flamboyant)*
*Autel portatif du monastère de Adelhausen, vers 800
(Détail)*
La chute originelle, buis, Maître H. L. (?), vers 1520/30
*Crucifixion de la chapelle de l'ancien cimetière,
J. C. Wentzinger, avant 1757*

Staircase in the "Museum für Neue Kunst"

*Cage d'escalier de l'ancienne école de Adelhausen (1902),
aujourd'hui le Museum für Neue Kunst (Musée d'Art
Moderne)*

A Tudor Style Manor for a Spanish Countess – Colombi House (Colombischlössle)

Néo-gothique anglais pour une comtesse espagnole
– Le châtelet Colombi
(Musée de la Préhistoire et de la Protohistoire)

Central staircase of Colombi House ▷

Le centre de la villa Colombi est la
cage d'escalier s'élevant sur tous les étages

The "Adelhauser Schule", a schoolhouse erected arround 1900, is home of the **Museum für Neue Kunst (Museum of Modern Art)** where the municipal collection of 20th century art is presented. The collection starts with classical Art (expressionism, realism, "Neue Sachlichkeit", abstaction in the 1950s) and ends with works of contemporary artists, most of them coming from the region between Freiburg, Alsace and Northern Switzerland. The large and bright rooms – formerly the school's classrooms – were respectfully transformed and given a new function. In the neobaroque staircase the Freiburg artist Robert Schad installed a filigrane steel structure reaching through all floors. The Museum für Neue Kunst is the only one in Freiburg offering a coffee-shop to it's visitors.

Since 1931, the **Museum of Natural History,** founded in 1895, has been located in the former schoolhouse on Augustinian Square. Flora and fauna of the area as well as geology, especially of the Kaiserstuhl, are presented in various rooms, newly arranged and organized in 1984. Other departments are presently being modified and reorganized.

The **Museum of Ethnology** is located in the former rooms of the new Adelhaus Abbey, which lie north of the church near the cloisters, since 1961. It is among the most important collections of its kind in southwest Germany. Freiburg collectors and university instructors founded the museum in the nineteenth century. Africa, America, Asia, Australia, and the South Pacific are the places of origin of a variety of interesting art and religious objects. Above all the East Asian Department is a particular attraction, the focal point of which being the countries of China, Korea and Japan.

Opened:
Di–Fr 9.30 a.m. – 5 p.m.
and Sa/So 10.30 a.m. – 5 p.m.
Admission free!

After a long hibernation in the storerooms, Freiburg's **Museum of Ancient and Early History,** already founded in fact in the year 1867, could be newly established in Colombi House, a little palais built in the years 1859–61 for Maria Gertrudis de Zea Bermudez y Colombi. In 1983, the doors of one of the most beautiful buildings of the nineteenth century in Freiburg were opened to visitors. The history of the region lying between Baden, northern Switzerland, and Alsace is reflected in the many objects, ranging from the beginnings of human settlement to the Celts and Romans, the time of great migrations of people within Europe, and the Middle Ages. This is the only one of the Freiburg museums which is open daily from 9 AM to 7 PM and closed only two days a year.

The small **Gallery of Tin Figures,** established and set up originally as a private museum, has meanwhile been acquired by the city of Freiburg. Up a flight of fifty steps, the collection is located on the upper floor of the Schwabentor.

règne animal et le règne végétal de la région, la géologie – en particulier celle du Kaiserstuhl – sont présentés dans les salles réaménagées depuis 1984. D'autres sections sont encore actuellement en pleine transformation. Les sections réaménagées donnent une bonne impression de la vivacité de la collection de sciences naturelles qui jouit d'une popularité croissante -favorisée par des expositions spéciales.

Depuis 1961, les anciennes salles du Adelhauser Neukloster, qui se trouvent autour du cloître au nord de l'église, abritent le **«Museum für Völkerkunde»** (Musée d'Ethnologie) qui fait partie des collections les plus remarquables de son genre dans le sud-ouest. Des collectionneurs fribourgeois et des professeurs universitaires ont fondé le musée au siècle dernier. L'Afrique, l'Amérique, l'Asie, l'Australie et les mers du Sud sont les lieux d'origine d'une multiplicité intéressante d'objets d'art et de culte. Notamment la section d'Asie orientale dont le point central est formé par les pays de la Chine, de la Corée et du Japon représente un pôle d'attraction particulier.

Heures d'ouverture:
Mardi – Vendredi: 9 h 30 – 17 h 00
Samedi, dimanche, jours fériés: 10 h 30 – 17 h 00

Le **«Museum für Ur- und Frühgeschichte»** (Musée de la Préhistoire et de la Protohistoire) de Fribourg fondé en 1867 put, après un long «temps de repos» dans les dépôts, être aménagé à partir de 1978 dans le châtelet Colombi. C'est en 1983 que s'ouvriront aux visiteurs les portes de l'un des plus beaux édifices du 19e siècle à Fribourg. L'histoire du pays entre le Bade, la Suisse septentrionale et l'Alsace se reflète à nouveau dans les objets exposés. L'espace couvert s'étend des débuts du peuplement humain en passant par les Celtes et les Romains, les Grandes Invasions jusqu'au Moyen Age. Le **«Colombischlössle»** (Châtelet Colombi) fut édifié en 1859–61 d'après des plans de Georg Jakob Schneider pour la comtesse espagnole Maria Gertrudis de Zea Bermudez y Colombi.

Heures d'ouverture:
Tous les jours: 9 h 00 – 19 h 00
Pas de jour de fermeture. Entrée gratuite !

La **Zinnfigurenklause** (Section des figurines en plomb), fondée et aménagée en tant que musée privé a été entretemps achetée par la ville. Il faut monter 50 marches avant d'atteindre la collection à l'étage supérieur de la Schwabentor.

Heures d'ouverture:
Mai – Octobre
Mardi – Vendredi: 14 h 30 – 17 h 00
Samedi, dimanche, jours fériés: 12 h 00 – 14 h 00
Entrée payante.

◁ Tower of the flood guard
Casted iron reliefs with the
town's arms and seal

*Tour du garde-crues
Reliefs en fonte du parapet
avec le cachet de la ville et
les armes de la monnaie
(«Rappen»)*

The "Schwabentor- ▷
brücke", 1897/98
rebuild 1974

*Pont de la Schwabentor
(1897/98 de F. Bauer et
H. Billing, nouvelle con-
struction 1974)*

66

Minster's spire and Saint Martin's gate
La tour de la Cathédrale et la porte Martinstor

Herz-Jesu-Kirche (Holy Heart of Our Lord) in Stühlinger ▷▷
(suburb)
L'église du Sacré-Coeur à Stühlinger

Works of Art
in Freiburg's Urban Districts

Around the middle of the last century, Freiburg began to grow beyond the borders of the largest dimensions it had reached during the Middle Ages. In the north and in the south developed the first two new suburbs; to the north, in the Oberau area, and above all to the west, over the railway line, industries grew up. The areas lying between the former villages of Herdern and Wiehre-Adelhausen and the Old City were filled with large-scale bourgeois architecture. Large blocks, but above all representative single and double villas, today form a city area of rare uniformity, reminiscent of the age of the Kaiser. In the old villages, the village centers have been preserved. The church of Herdern, consecrated to the patron saint of wine, St. Urban, is the focal point of a former vintners' village readily recognizable from its buildings; the vineyards, however, have long since become Freiburg's "best address". North of the Old City still exists a small jewel of history: the **Old Cemetery,** which originally lay outside the city walls. Until its closing on All Saints' Day in 1872, it served as the main burial place for the citizens of Freiburg. It was established in 1683. The quiet park with its very old trees is of great interest to art lovers but a witness to two hundred years of city history as well. In the middle of the cemetery stands the Baroque **chapel of St. Michael,** which survived despite servere damage in the Second World War. The Dance of Death, however, in the vestibule is a modern copy of the Late Baroque original done in 1757.

Like other suburbs **Wiehre** has conserved it's old center and it's parish church **Saint Cyriacus ad Perpetua.** It was rebuild in 1765 after the destruction of the villages Adelhausen and Wiehre in the wars of the 17th and 18th centuries.

From the **Wiehre** rises Lorettoberg Mountain, the site of large villas erected in the years of rapid expansion (1874–1914). After the great battle of 1644, guild master Christoph Mang donated the **Loretto Chapel,** a little church which has three separate prayer rooms under one roof and is reminiscent of the famous Loreto Shrine of Our Lady in Italy. The eastern parts of Freiburg Cathedral are built of Lorettoberg sandstone. The old quarry is located near the chapel.

Between the Lorettoberg and the hills of Schauinsland lies the suburb of **Güntherstal,** which is still dominated by the Baroque Cistercian abbey and its portal entrance. Since secularization, it has been in the possession of the city and serves as an orphanage. From Güntherstal, one reaches the mountain racetrack on the **Schauinsland** hills. This was the site of the German Automobile Club's mountain race course, until the city made the decision not to run these races any longer, due to the problem of dying trees in the forest due at least in part to exhaust fumes. Not only this

L'art dans les quartiers de Fribourg

Vers le milieu du siècle dernier, Fribourg commença à s'étendre au-delà des limites de son périmètre le plus étendu du moyen âge. Les premiers nouveaux faubourgs surgirent au nord et au sud, l'industrie s'établit au nord dans l'Oberau et surtout à l'ouest au-delà de la voie ferrée. Les secteurs entre les anciens villages de Herdern, Wiehre-Adelhausen et la vieille ville ont été pourvus d'une architecture très bourgeoise depuis la fin du 19e siècle. Des immeubles, mais surtout des villas individuelles et des villas jumelles forment aujourd'hui un périmètre de la ville de l'époque impériale d'une harmonie rare. Dans les vieux villages, les noyaux locaux se sont maintenus. L'église de Herdern consacrée à Urbain, saint patron des vignerons, est le point central de l'ancien village de vignerons encore bien reconnaissable à ses constructions mais dont les vignobles forment depuis longtemps déjà les quartiers d'habitation les mieux situés de Fribourg. Sur la route allant de Herdern à la vieille ville, se trouve un joyau particulier - l'**ancien cimetière** qui se situait à l'origine à l'extérieur des fortifications de la ville. Jusqu'à sa fermeture à la Toussaint de 1872, il servit de lieu de sépulture principal aux Fribourgeois. L'ancien cimetière fut fondé en 1683. Le parc tranquille avec ses vieux arbres est, du fait des nombreux monuments funéraires, d'un grand intérêt pour les amateurs d'art mais aussi un témoignage de 200 ans d'histoire de la ville. Après la grande révolution, de nombreux français royalistes passèrent la frontière. L'un d'eux, le général émigré Boniface Vicomte de Mirabeau – frère du célèbre révolutionnaire Honoré de Mirabeau – a trouvé ici son dernier repos. Des pierres commémoratives rappellent les francs-tireurs tombés à Fribourg en 1848 et les morts de la guerre franco-allemande de 1870/71. Au milieu du cimetière, s'élève l'église baroque «**Michaels-kapelle**» (Chapelle Saint-Michel) dont la décoration a été conservée en dépit de graves dommages subis pendant la 2me guerre mondiale. La danse macabre dans le porche est cependant une copie moderne du modèle original de style baroque tardif créé en 1757. La chapelle elle-même fut fondée en 1722 et consacrée trois ans plus tard. En 1753, elle reçut sa forme actuelle. Les autels proviennent de l'église franciscaine et sont des dons des corps de métier des peintres et des boulangers. La fresque du plafond est l'oeuvre de Johann Pfunner du Tyrol (1760).

Même **Wiehre** possède encore l'ancienne église du village. L'église paroissiale **Saint Cyriak et Perpetua** se trouve sur l'emplacement de l'église paroissiale d'Adelhausen détruite à plusieurs reprises pendant les guerres des 17e et 18e siècles et fut consacrée en 1765. Le maître-autel provient de l'église forteresse sur le «Schloßberg» et fut déjà érigée au 17e siècle. Le plafond est orné d'élégants stucs de style rococo de F. A. Vogel.

Le nouveau centre du quartier de la ville est apparu le long

View from Loretto hill to the town center

Vue du Lorettoberg sur Unterwiehre et la vieille ville vers le Schloßberg

◁◁ *Ebnet Manor – gardenfacade*
The old graveyard in Neuburg (suburb)
Loretto Chapel

Château Ebnet – Façade sur le jardin
L'ancien cimetière dans le Neuburg
La chapelle de Loretto – Trois églises sous un toit

Lake Flückigersee ▷
The Eugen Keidel thermal spa
Suburb "Bischofslinde" with Saint Albert Parish Church

Le Flückigersee – autrefois un lac d'excavation,
aujourd'hui la zone de détente proche «Seepark»
La «piscine Eugen-Keidel» près de Sankt-Georgen
Quartier du Bischofslinde (tilleul de l'évêque) avec l'église
paroissiale Saint-Albert

race course leads up the mountain, but also a monument to technology, the aerial cableway, opened in 1930, at that time the first of its kind operating according to the endless wire principle. For economic reasons, the original cabins were replaced by smaller ones in 1988. The ride, more than three kilometers, is still a real experience. From the mountain station, it is only a few meters to the 1258-meter-high summit of the mountain. With clear sky conditions, one has a panoramic view from the **Eugen Keidel Tower** over the Black Forest all the way to the Vosges Mountains and the Alps.

Down below the summit, in the direction to the former mining village of **Hofsgrund,** stands the **Schniderlihof,** a Schauinsland farmhouse which was occupied until the 60's, and which today, as a museum, gives an impression of peasant farmers' life; next to mining, farming was the most important trade of the Schauinsland region. The "ore hulk", as the mountain used to be called, was the source of Freiburg's economic power over the centuries. Silver from the Schauinsland mines made it possible for the city to build the lovely parish church. Not until the 50's did the last mine in the Kappler Valley close down.

There are things worth seeing in the eastern parts of Freiburg as well. Along an easygoing footpath, one can reach **St. Ottilien** in an hour, from the Schlossberg Mountain above the Schwabentor. This place of pilgrimage, mentioned as early as the High Middle Ages, received a new church in 1503, which was then enlarged and done over in Baroque style in 1714. At that time, the spring was taken under the same roof as the church. The water of the spring is said to possess healing powers for diseases of the eye. Several years ago, the frescoes of the sixteenth century were uncovered, under the decorations of the Baroque period. Below St. Ottilien are located the remains of the once important Freiburg Carthusian Abbey, which is today an old people's and nursing home.

◁ Old traditions:
– cellarman in Peterhof
– stone-mason in the cathedral's masonyard
– kitchen and entrance of the "Schniederlihof" farm-house museum on Mount Schauinsland

Anciennes traditions
Caviste dans la Peterhof
Tailleur de pierre dans l'Oeuvre de la Cathédrale
Cuisine avec un poêle à bois et entrée de la «Schnieder- lihof» sur le Schauinsland

de la Dreisam autour de 1900. En tant qu'église paroissiale pour la partie basse et centrale de Wiehre, on a érigé la «**Johanneskirche**» (Eglise Saint–Jean) à deux tours qui avait été commencée d'après les plans de Joseph Durm en 1894. On a choisi des formes du style transitoire entre le roman tardif et le style gothique primaire. Le **presbytère** fut également construit par Durm dans le style du gothique flamboyant en 1903/05, à la même époque on érigea le bâtiment imposant de la néo-renaissance de l'**Ecole Technique Municipale** d'après des plans de l'architecte municipal Rudolf Thoma. En 1885/86 déjà, on avait érigé l'**Ecole Lessing** en style néo-classique. L'église et ses alentours offrent un aperçu des formes de style qui, cependant, ont été ici placées sans le mélange de styles exécuté de façon répétée et qui sont habituelles pour l'historisme qui atteignit son apogée pendant la période d'exercice de fonctions du premier bourgmestre Otto Winterer.

Même avant les années 1900, la plus grande partie des agglomérations industrielles fut déplacée de Oberau et de Wiehre au-delà de la voie ferrée vers l'ouest où un tout nouveau quartier de la ville surgit à Stühlinger offrant de la place pour les usines et les logements des ouvriers. L'architecte diocésain Max Meckel conçut l'église paroissiale du «**Herz-Jesu**» (Sacré-Coeur) dans le style transitoire rhénan entre le roman tardif et le style gothique primaire. L'église impressionnante fut commencée en 1892 et achevée en 1897.

Entre le Lorettoberg et les contreforts du Schauinsland se trouve l'agglomération suburbaine **Güntherstal** qui, aujourd'hui encore, est dominée par le couvent baroque des cisterciennes et sa porte cochère. Depuis la sécularisation, le couvent est la propriété de la ville et sert d'orphelinat. A partir du Güntherstal, on parvient aussi au parcours de course de montagne de l'ADAC sur le Schauinsland. Il n'y a pas que cette route qui conduit à la montagne, il existe aussi un monument de la technique, le **téléphérique** inauguré en 1930 qui était, à l'époque, le premier téléphérique à passagers du monde à câble sans fin. Seules quelques centaines de mètres séparent la station en montagne du sommet d'une hauteur de 1258 m de la montagne locale de Fribourg. A partir de la «**Eugen-Keidel-Turm**» (Tour Eugène Keidel) on a, lorsque la vue est claire, un panorama sur la Forêt Noire jusqu'aux Vosges et aux Alpes. Au-dessous du sommet, en direction de l'ancien village de mineurs Hofsgrund, se trouve la «**Schnniderlihof**», une ferme du Schauinsland habitée jusque dans les années soixante qui permet aujourd'hui en sa qualité de musée d'avoir une vue sur le monde des paysans qui représentaient, à côté de l'exploitation minière, la branche industrielle la plus importante de la région du Schauinsland. Le «coffre à minerais» – comme on appelait la montagne autrefois -constitua pendant des siècles la source de la puissance économique de Fribourg.

Winter on Mount Schauinsland
Ambiance hivernale sur le Schauinsland

The cableway to Mount Schauinsland

Une prise de vue déjà historique: les cabines du téléphérique du Schauinsland construites en 1930 (remplacées en 1988) – A l'arrière-plan, Horben, Fribourg Sankt-Georgen (Saint-Georges), Haslach-Weingarten et le Kaiserstuhl

The most easterly city district of Freiburg is **Ebnet.** Here the barons of Sickingen-Hohenburg built their summer residence in the middle of the eighteenth century, **Ebnet House** was built from 1749–51 according to the plans of Johann Jakob Fechter. Benedikt Gambs painted "The Triumpf of Flora" on the ceiling of the Garden Room. The little Maner House, privately owned, opens its doors to the public from time to time for concerts and lectures.

Modern Freiburg is located to the west. Across from the railway station stands the Stühlinger parish **Church of the Heart of Jesus,** erected – like its counterpart, **St. John's Church, Wiehre** – in a aspiring residential area at the end of the nineteenth century. The new urban tramway passes the church on its way to the satellite cities which have grown up on the outskirts of Freiburg since the 60's. The center of the western city districts is, since 1986, the **Seepark,** grounds of the Regional Garden Exhibition, planned as a recreational area.

To the southwest lie the 1200-year-old districts of **Haslach** and **St. Georgen,** Haslach, with its **garden city** laid out by Karl Gruber in the 20's, is a prime example of this way of building, inspired by English models. St. Georgen with its vineyards is actually already part of the Markgräfler countryside. On the north slope of the Schlossberg, above St. Georgen, stands the **Jesuit Castle,** originally a country estate belonging to the Freiburg Jesuits and today a recreational spot for the elderly and retired, in the possession of the city. In Mooswald, west of St. Georgen, thermal springs were made accessible in 1976, at which an architecturally remarkable public bath (Eugen-Keidel-Bad) was erected, and opened in 1979. The building, constructed of wood, hard brick, and concrete, is excellently adapted to the surrounding forest setting and offers two indoor and one outdoor pool. Roman steam bath, solariums, and all the therapeutic facilities of such a spa.

En réalité, l'argent des mines du Schauinsland permit également à la ville de construire la magnifique église paroissiale. Ce n'est que dans les années cinquante que l'on ferma la dernière mine dans la vallée de Kappel.

Le quartier de la ville le plus à l'est de Fribourg est **Ebnet** qui a été adjoint à la ville à la suite de la dernière réforme administrative. C'est ici que les barons von Sickingen-Hohenburg ont érigé leur résidence d'été au milieu du 18e siècle. Le «**Ebneter Schloß**» (Château Ebnet) fut construit en 1749–51 d'après des plans de Johann Jakob Fechter avec la collaboration de Johann Christian Wentzinger qui a non seulement conçu la magnifique décoration en stuc de la salle des jardins mais aussi créé quatre splendides sculptures des saisons pour le jardin. Benedikt Gambs peignit en 1750 le Triomphe de la Flore sur le plafond de la salle. Le château qui est une propriété privée ouvre de temps en temps ses portes pour des concerts et des conférences.

Le développement de la ville des dernières années s'étendit nettement vers l'ouest où, dans les années 60 et 70, de nouveaux quartiers de la ville surgirent.

Au sud-ouest se trouvent les quartiers de la ville vieux de 1200 ans, **Haslach et Sankt Georgen**. Haslach offre avec sa **cité-jardin**, conçue par Karl Gruber dans les années 20, un exemple typique de cette forme de construction inspirée de l'Angleterre. Sankt Georgen appartient déjà en fait, avec ses vignobles, au pays margrave. Sur la pente nord du Schönberg, au-dessus du quartier de la ville, se trouve le **Jesuitenschloß** (Château des Jésuites), propriété agricole ayant appartenu à l'origine à la Compagnie de Jésus de Fribourg, aujourd'hui propriété de la ville et lieu de repos pour les personnes âgées.

Dans la «**Mooswald**» (forêt de la mousse), à l'ouest de Sankt Georgen, une source thermale fut aménagée en 1976 auprès de laquelle on érigea jusqu'en 1979 le bain **Eugen-Keidel-Bad**, remarquable du point de vue architectonique (bains d'eaux minérales, thermales). Le bâtiment en bois, brique et béton est merveilleusement adapté à l'environnement de la forêt et offre au visiteurs deux bassins intérieurs et un bassin extérieur, un bain turc, des solariums et tout un éventail de programmes thérapeutiques d'un établissement de bain médical.

A la lisière de la forêt Mooswald, à l'ouest de la ville satellite de Weingarten-Binzengrün, on projette actuellement le tout dernier quartier de la ville de Fribourg qui doit être construit sur le terrain du champ d'épandage aménagé à la fin du siècle dernier.

Innenstadt Freiburg

Maßstab 1:6 000

Kartographie: Stadt Freiburg i.Br.-Vermessungsamt